JN136842

障害理解シリーズ 1

肢体不自由者の自立と社会参加

編著 任 龍在
著者 川端 舞・庄田 亜季子・宮内 康裕
小野塚 航・周藤 穂香・小川 晃生・愼 允翼

HAKUEISHA

まえがき

本書が出版されるまでには、さまざまな出来事がありました。中でも、新型コロナウイルス感染症（COVID-19）の影響は大きく、講演会やブックトークができない状況が続き、また出版社の変更などもあり、刊行が見送られました。著者の皆さまには2020年３月に初稿を提出していただき、同年秋の刊行を目指していましたが、最終的にCOVID-19の状況が緩和された４年後にようやく出版に至りました。著者の皆さまには長らくお待たせしてしまい、心からお詫び申し上げます。また、これまで待ち続けてくださったことに深く感謝いたします。

本書は、肢体不自由者７名のライフヒストリーを通じて、肢体不自由者にとって「自立」とは何か、「自立はどうあるべきか」という問いについて、読者の皆さまにも考えていただきたいという思いから企画されました。

本書の構成は、第１章で「自立」の概念を説明し、第２章から第８章までは７名のライフヒストリーを紹介し、第９章では肢体不自由特別支援学校と共に取り組んでいた障害理解特別講座について紹介しています。この９章には、肢体不自由児の「自分の夢」に関する作文も収められています。

本書は、第１章を基礎知識として読んだ後に７名のライフヒストリーを読むのも良いですし、まずは先に第２章から第８章までの７名のストーリーを読むのもいいと思います。各章の冒頭には著者についての紹介がありますので、自己紹介を確認し、興味のある著者から読んでみてください。また、第９章の障害理解特別講座は、肢体不自由児の成長と発達を支えている方々、特に親や教師の皆さまに読んでいただき、実際の指導に役立てていただければと思います。

第２章から第８章までを執筆した７名の著者は、個性豊かで素晴らしい方々であり、それぞれ異なる優れた点を持っています。肢体不自由児にとっては、彼らが人生のモデルとなる方々ですので、本書を「自己理解」や「キャリア教育」を考慮した授業の資料として活用していただければ幸いです。第１章で述べていますが、私が自立生活運動の創始者であるエド・ロバーツ氏をモデルとして学んだことが多かったように、今の時代を生きる肢体不自由児にとって、本書の７名がそのような存在になることを願っています。また、肢体不自由者の教育や福祉、医療などに携わる方々にも本書を読んでいただき、「肢体不自由者の自立と社会参加」への理解を深めていただければと願っています。

最後に、本書はCOVID-19以前に執筆された原稿（2020年３月時点）をもとにしていますので、７名のライフヒストリーはCOVID-19の影響を受けていない状況で記されたものです。その点を考慮して読んでいただければ幸いです。また、COVID-19の時代を経験した肢体不自由者の方々についても、次の書籍でその生きざまを紹介できればと考えています。その出版を早急に実現させるため、努力を惜しまず進めてまいりますので、どうぞ楽しみにお待ちください。

2024年５月

編著者　任 龍在

目次

第3章 自分自身のことを、自分の言葉で伝える（庄田 亜季子）

第4章 生い立ち（宮内 康裕）

第8章 なぜロマンチックは大事なのか
—私の記憶をめぐって—（愼 允翼）

第9章 障害理解特別講座「肢体不自由児の夢」

第１章

「自立」とは何か

任 龍在

1．自立とは

「自立」[1]の概念は、医学モデルと社会モデルをもとに説明することができます。医学モデルでは、障害を個人の欠陥（問題）として捉え、その欠陥を治療やリハビリテーション（以下、リハビリ）によって修正または補正し、可能な限り健常者に近づけることが目指されます。このモデルでは、自立とは「他者の助けや支援を借りずに日常生活を自分の力で行えるようになること」を意味し、肢体不自由者に対しては、他者からの助けや支援を最小限に抑え、自力で生活できる状態を目指して、日常生活動作[2]のリハビリが強調されます。つまり、社会や環境を変えるのではなく、個人がその社会や環境に適応できるよう、治療やリハビリ、手術などに重点が置かれるのです。

一方、社会モデルでは、障害を個人の問題として捉えるのではなく、社会や環境が作り出している問題であり、個人と社会との相互作用によって生じる制約と定義します。車いす使用者とエレベーターのない施設の関係は、社会モデルを説明する典型的な例です。このモデルでは、障害は車いす使用者の身体的制約ではなく、エレベーターがない施設が生み出していると考えます。つまり、施設が車いす使用者に配慮した設計になっていないことが、障害を引き起こしているのです。このモデルでは、自立とは、社会が提供するサポートや合理的配慮を通じて、「他者の助けや支援を受けながらも、自分

---

1) 「自立」は、英語で “independence” と言われます。類似の用語として “autonomy”（自律）があります。障害者の自立に関する文脈では “independence” や “autonomy” がよく使われます。例えば、障害者の自立（independence of people with disabilities）や、自律的な生活（autonomous living）などです。本書の主要なキーワードである「自立」と「自立生活」を理解する際に欧米等の文献を参照したい場合は、これらの用語を活用してください。
2) 日常生活動作（ADL）とは、起居動作・移乗・移動・食事・衣服の着脱・トイレ・入浴など、日常生活を営む上で不可欠な基本的動作を指します。

の生活様式を自ら選び、自分の意思で生活をコントロールすること」を指します。食事や移動など日常生活において他者の助けや支援を必要とする肢体不自由者であっても、自ら自分の生活をコントロールし、社会に参加しているのであれば、それは「自立」と言えます。この自立の概念は、1980年代以降、医学モデルから社会モデルへの移行とともに世界中に広まりました。現在では、社会モデルによる自立が主流となっています。

2．自己完結型自立と相互実現型自立

自立観には「自己完結型」と「相互実現型」の２つの考え方があります。これを障害モデルに当てはめると、前者は医学モデル、後者は社会モデルに近いといえます。

まず、自己完結型とは、「自分のことは自分でする。他人に迷惑をかけない」ということです。具体的には以下のような状況をいいます。

自己完結型自立

・日常生活の全てを自分一人で行う：食事、衣服の着脱、トイレ、移動、掃除、買い物など、他者の助けや支援を借りずに自分一人で行う。
・他者に頼らない：何か困ったことがあっても、自分で解決する。
・独立していることが重要である：他者に迷惑をかけないことが大事で、他者からの助けを受けることは、自立していないと見なされる。

自己完結型自立の例

前橋さんは、すべての家事を自分で行っています。たとえば、食事に関しては、食材の買い物から料理、片付けまで、そして掃除もすべて一人でこなしています。もし何か困難なことがあっても、誰にも頼らずに自分で解決しようとします。前橋さんは、他人に頼ることを「迷惑をかけること」と考えています。

一方、相互実現型とは、「自分でできることは自分でする。ただし、自分一人でできないことは、人の助けを受けても、かけがえのない自分の人生を生き抜く」ということです。具体的には以下のような状況をいいます。

相互実現型自立

- 自分でできることは自分で行う：可能な範囲で自分のことを自分で行う。食事、衣服の着脱、トイレ、移動など。
- 他者の助けを受けることが許容される：自分一人では難しいことやできないことについては、他者の助けを受けることを躊躇しない。
- 他者との協力が重要である：自分の人生を豊かにするために、他者との連携や協力を積極的に行うことで、より充実した生活を営むことができる。

相互実現型自立の例

千葉さんは、自分でできることは可能な範囲で自分で行いますが、重い荷物を持つのが難しいと感じたときは、友人や家族に手伝ってもらいます。また、仕事で困ったときには、同僚や上司に相談をします。千葉さんは、他人の助けを受けることで、自分の生活をより充実させることができると考えています。

以上をまとめてみると、自己完結型自立は、全てを自分で行い、他人に頼らないことを重視します。一方、相互実現型自立は、自分でできることは自分で行いながらも、他者の助けや支援を受け入れることで、より豊かな生活を送ることを重視します。相互実現型自立は、他者の助けや支援を受けることをネガティブに捉えず、社会の一員として互いに助け合うことを前提としています。たとえば、食事を自己完結的に行うということは、食材の調達から調理、食事の準備、片付けに至るまでのすべてを一人で行うことを意味しますが、実際にはそのような生活はほとんど不可能です。多くの人が他者の助けや社会的なシステム（市場や配達サービスなど）に頼っているためです。そのため、近年では、自己完結型自立は理想に過ぎないという考えが広がっています。私たちは、障害の有無にかかわらず、他者の助けや支援をもとに日々生活していることを理解していただきたいと思います。私は、肢体不自由者とその家族も、自己完結型自立よりも相互実現型自立を重視することが望ましいと考えます。

3．就労による経済的自立と就労によらない経済的自立

経済的自立とは、個人や家庭が自らの収入源を持ち、それに基づいて経済的に自立して生活することを指します。個人が「自分で収入を得て生活費をまかなうこと」と「自分のお金の使い方を自分で決めて責任を持つこと」が、自立の証といえます。また、経済的自立は、自己評価や社会的なステータスにも影響を与えるため、重視されています。経済的に自立することは、自分の選択肢を広げ、自由な生活を送るための基盤となります。

従来の経済的自立は「就労による経済的自立」とされてきましたが、時代の変化に伴い、その概念も変わりつつあります。最近よく耳にする言葉の１つに「FIRE (Financial Independence, Retire Early)」、すなわち「経済的自立と早期リタイア」があります。FIREは、資産運用により不労所得を得て、会社に縛られず自由な生活を送る生き方を指します。これは、働き方や人生設計の考え方の変化によって登場したものであり、「就労による経済的自立」よりも「就労によらない経済的自立」を実現し、自分らしい人生を設計していくことを重視する時代のトレンドを示しています。また、最近では、さま

ざまな状況に応じた支援制度が整備されており、それらをもとにした「就労によらない経済的自立」も可能です。たとえば、障害年金[3)]や生活保護といった社会保障制度は、経済的に困難な状況にある人々が自立生活を送るために導入された制度であり、これらによって、「経済的自立＝就労」という一元的な見解は変わっていると思います。

子どもたちに対して「大人になったら（社会的地位や評判の高い職業、あるいは収入の高い職業などに）就職して自立してください」と言う親は少なくありません。もちろん、子どもがそのような職業に就くことを願うのは悪いことではありませんが、それを人生の成功だと強調するのは危険だと思います。人生の成功とは、自分の好きなことをして、自分らしい人生を送ることではないでしょうか。FIRE も「就労」という基準を満たしていませんが、若者を中心に憧れのある生き方として注目されています。この考え方に基づくと、社会的地位や評判、そして収入で人生の成功が決まるわけではないのは当然です。私は、重度の肢体不自由者が常勤職で働かず、障害年金と資産運用を主な収入源にして、自分らしい人生を送ることができるなら、それも良い人生だと思います。

近年、障害者や高齢者、低所得者に対してより安定した生活を送れるように社会保障制度に力を入れる国々が多いです。日本においても、障害者の自立生活を支援する制度や、就労を支援する制度が

---

3) 障害年金制度とは、障害者が生活の質を維持し、社会参加を促進するために必要な経済的支援を提供する社会保障制度です。日本においては「障害基礎年金」と「障害厚生年金」が運用されており、障害者が安定した生活を送るための基盤となっています。障害年金の詳しい内容については、各自で調べてみてください。特別支援教育や障害者福祉などに携わる職に就いている読者は、この制度を十分に理解し、障害児・者に対して適切に説明することをおすすめします。その際に留意すべき点は、障害年金を受給することは恥ずかしいことではないということを伝えることです。

整備されています。そのような状況を考慮すると、「経済的自立＝就労」という従来の考えには限界があり、「就労によらない経済的自立」を認め、さまざまな生き方を尊重する社会になることが望ましいと思います。

4．自立と依存

一般に「自立」と「依存[4)]」は対立する概念と考えられがちですが、実はそうではありません。自立とは、自分の生活を自分でコントロールすることを意味しますが、それは他者の助けや支援を全く受けないことを指すわけではありません。むしろ、真の自立は必要なときに適切に他者の助けや支援を求める力を含んでいます。「自立」と「依存」は対立する概念ではないことに留意する必要があります。

従来の自立観では、他者に「依存」することがネガティブに捉えられていました。他者の助けや支援を必要とすることは、自立していない、あるいは未熟であると見なされることが多かったのです。そのため、障害者が他者の助けや支援を求めることには社会的な圧力やスティグマが存在していました。その結果、障害者も「自己完結型自立」に近い生活を目指さざるを得ず、他者の助けや支援を求めることに罪悪感や恥ずかしさを感じました。

しかし、最近では「社会モデルによる自立」が普及され、他者への依存を自立の一部であると考えるようになりました。その結果、自立を考える際には、自分の生活様式を主体的に選択する力だけではなく、その選択を支えるための支援（依存）ネットワークを構築して活用する力も重視されるようになりました。私たちは、障害の

---

4) 依存とは、他に頼って存在したり生活したりすることを意味します。

有無にかかわらず、健常者でも日常生活の多くの場面で他者の助けや支援、そして社会的なシステム（スーパーでの買い物、公共交通機関の利用、医療サービスなど）に依存しています。障害者が日常生活で助けや支援を受けることも、社会の一員として当然のことだと思います。

最後に、「自立」と「依存」については、東京大学先端科学技術研究センターの熊谷晋一郎教授のインタビューを紹介します。熊谷教授のインタビューを読んで理解を深めてください。

自立とは「依存先を増やすこと」

私は、生後すぐに高熱が出たことなどが原因で脳性まひとなりました。手足が不自由なため、中学生の頃から車椅子を使っていて、日常生活を送る上では他者の介助が欠かせません。

私が生まれた1970年代には、脳性まひは早期にリハビリをすれば9割は治ると言われていました。このため、私の親は私が物心つく前から、膝立ちの仕方、寝返りの打ち方、茶碗の持ち方など、毎日5、6時間にも及ぶ厳しいリハビリをさせました。すべては、私をできるだけ健常者に近づけ、独り立ちできるようにしようという、愛情ゆえにしたことです。

ところが1980年代に入ると、脳性まひは治らないという医学論文が発表されたのです。そして、それに呼応するかのように障害そのものに対する考え方が180度変わり、「障害は身体の中ではなく外にある」という考え方がスタンダードになりました。例えば、私が2階に行けないのは私の足に障害があるからではなく、エレベーターがないからだ。だから、社会や環境の側を改善していこう、と考えるわけです。

こうした考え方が広がると、街中で障害を持つ人に出会う機会が格段に増えました。それまで私は常に親と二人三脚の生活をしてきたため、「親が死んでしまったら自分も生きていかれなくなるのではないか」という不安を幼い頃から抱えていました。ところが、街で見かける人の中には自分より重そうな障害を持った人もいる。その人達がありのままの姿で自由に暮らしているのを見て、「リハビリをしても治らないけれど、健常者にならなくても社会に出られるんだ」という確信が芽生えたのです。

それ以来、親が生きている間に親亡き後をシミュレーションしておきたい、そのために一人暮らしをしようと、強く思うようになりました。当然のことながら親は大反対し、母がついてくると言いました。それならば、親が容易には来られない場所に行くしかない。それで、山口県から東京の大学に進学したのです。

親は、「社会というのは障害者に厳しい。障害を持ったままの状態で一人で社会に出したら、息子はのたれ死んでしまうのではないか」と心配していたようです。でも、実際に一人暮らしを始めて私が感じたのは、「社会は案外やさしい場所なんだ」ということでした。

大学の近くに下宿していたのですが、部屋に戻ると必ず友達が２～３人いて、「お帰り」と迎えてくれました。いつの間にか合い鍵が８個も作られていて、みんなが代わる代わるやってきては好き勝手にご飯を作って食べていく。その代わり、私をお風呂に入れてくれたり、失禁した時は介助してくれたりしました。

また、外出時に見ず知らずの人にトイレの介助を頼んだこともあります。たくさんの人が助けてくれました。こうした経験から次第に人や社会に関心を持つようになり、入学当初目指していた数学者ではなく、医学の道を志すことを決めたのです。

それまで私が依存できる先は親だけでした。だから、親を失えば生きていけないのでは、という不安がぬぐえなかった。でも、一人暮らしをしたことで、友達や社会など、依存できる先を増やしていけば、自分は生きていける、自立できるんだということがわかったのです。

「自立」とは、依存しなくなることだと思われがちです。でも、そうではありません。「依存先を増やしていくこと」こそが、自立なのです。これは障害の有無にかかわらず、すべての人に通じる普遍的なことだと、私は思います。

出所：全国大学生活協同組合連合会のホームページ
https://www.univcoop.or.jp/parents/kyosai/parents_guide01.html

5．自立生活運動と「自己決定」

自立生活運動は、従来の自立観（医学モデルによる自立）を見直し、1970年代にアメリカで始まった社会運動であり、障害者運動としても大きな意義を持っています。この運動は、障害者が自らの生活を主体的に選び、決定する権利を強調しており、その中心概念が「自己決定」です。この運動では、たとえ重度の肢体不自由があるとしても、自分の生活に必要なことを最も理解しているのは本人であり、その生活様式を選択して実行することが「自立」と定義されました。また、重度の肢体不自由者の場合、自分の身体が思うように動かないため、生活のさまざまな場面で他者の助けを借りることもありますが、自立において問題とされません。この運動でよく用いられた有名なフレーズを紹介します。

> 人の助けを借りて15分で衣服を着て仕事に出かけられる人間は、自分で衣服を着るのに2時間かかるために家にいるほかない人間よりも自立している。
>
> 出所：Dejong, G. (1979). Independent living: From social movement to analytic paradigm. Archives of Physical Medicine and Rehabilitation, 60, 435-446.

自立生活運動の創始者とされるエド・ロバーツ（Edward V. Roberts 1939～1995）は、ポリオによる四肢まひを抱えながらも、他者の助けや支援を受けながらも自己決定の下で生活することの重要性を説きました。1968年、彼はカリフォルニア大学バークレー校に入学しましたが、学生寮にバリアがあり入居できなかったため、大学の保健センターを寮として使用しました。彼の入学を契機に、キャンパス内のバリアフリー化や障害学生支援の改善が進められました。大学を卒業する際には、市内に生活しやすい場所がなかったため、自立生活運動を展開しました。彼の主張は、介護の便宜を図るために施設に収容され、あてがいぶちでの生活を拒否することでした。当時、彼が提唱した自立生活支援サービスの３つの原則は以下のとおりです。

- 障害者のニーズがどのようなものか、またそのニーズにどのように対応すべきかについて、最も知っているのは障害者自身である。
- 障害者のニーズは、さまざまなサービスを提供し、総合的なプログラムで最も効果的に満たすことができる。
- 障害者は、自分が住んでいる地域社会に統合されるべきである。

この運動は全米に広がり、1972 年には障害者が運営する「自立生活センター」が設立されました。この運動の影響を受け、1978 年にリハビリテーション法も改正され、「第７章 自立生活のための総合的サービス」が追加されました。この章には「自立生活センター」の設立が規定され、州政府から補助金が交付されるようになりました。

現在、日本においても「自立生活センター」は、アメリカと同様に障害者が運営を担い、障害者運動の拠点となるとともに、障害者の自立生活を支援するサービスを提供しています。特別支援教育や障害福祉に携わる読者には、地域にあるセンターを訪ね、「自立」の理解を深めることをおすすめします。

私は、エド・ロバーツの原稿、資料、そして映像を見て、「自立」についての理解を再考することができました。私は彼を深く尊敬しており、もし彼がいなかったら、障害者の権利保障がどれほど遅れていたかと考えると恐ろしいです。私にとって彼はスーパーマンです。1980 年代にエド・ロバーツのことを学びながら、日本の自立生活運動に貢献していた清家一雄氏（脊髄損傷による四肢まひ）の原稿にも「スーパーマン」という言葉が出てきます。その原稿と写真を紹介します。私は、肢体不自由児を対象とする講義でエド・ロバーツのことをよく紹介し、「自立」と「自己決定」の意義を説明しています。また、その子どもたちが地域や世界を変えるスーパーマンになることを期待して講義を行っています。

「アメリカの一年」[5]

清家 一雄

　エド・ロバーツは、アメリカの障害をもつ個人達の運動のリーダーとして日本でも有名だ。エドは、カリフォルニア大学バークレー分校を卒業した後、バークレーに最初の自立生活センターを設立し、初代所長となった。その後、カリフォルニア州のリハビリテーション局局長となった。現在は、民間のリサーチセンターである世界障害者問題研究所の代表をしている。

　エドの障害はポリオで脊髄損傷ではないが、原因は別でも四肢マヒ障害という視点からは共通の問題を含んでいるし、何より彼はアメリカで最初に設立された自立生活センターの初代所長であり、彼の生活（史）と意識を知ることはアメリカの重度身体障害者の自立生活運動を考える場合の最適の素材の一つになるだろう。

　最初にエドと直接に会い、話をしたのは 1985 年 12 月 9 日の CIL バークレーでのクリスマス・パーティだった。電動車椅子に乗って呼吸補助装置を使わなければならないほどの四肢まひの重度身体障害者だか、快活で力強く、よく話をし、自信に溢れていて、頼りになりそうなタフな障害者だ、という印象だった。エドは既に日本でも有名だったし、僕もエドの書いたものやエドについて書かれていたものを読んでいたが、実際に会ったときの印象は鮮烈だった。

エドとはよく電話でも話をしていた。エドの書いた本・文章を貰って読んだりもした。また、エドが代表をしているWID（World Institute on Disability、世界障害問題研究所）に行き、WIDが出版したペーパーの文献研究をすることと、そこのスタッフとミーティングすることは、僕の留学研修活動のひとつだった。

エドの家にも二回訪ねて行って話をした。最初にエドの家に行ったのは1986年4月27日、良く晴れた日曜日だった。マッカーサー駅からコンコルド行きのバート（地下鉄）に乗りロックリッジで降りた。前もって地図で調べておいた北の方へ3ブロック行って、シャーボットの通りで6031のエドの家を探していたら、人の良さそうなおじさんが一人やって来て、「エドの家を探しているんじゃないのか」と言って、エドの家まで案内してくれた。

エドの家は声をかけられたところのすぐそば、二つ隣の家だった。案内してくれたのはエドのアテンダントのアレンだった。ロックリッジは環境の良い街でエドの家もとても感じが良かった。エドのアテンダントのアレンも感じが良かった。家の出入口にはスロープがあった。エドの部屋は一階の玄関のそばにあった。

エドは彼の母親と同居していた。彼の従兄弟も一緒に住んでいた。エドは鉄の肺に入っていた。「夜眠るときも入っている」と彼は言った。他にスピーカホンやリモコン付きのテレビを彼は使っていた。エドの使っているリモート・コントロール・スイッチ・システムについて、僕が、「いくらですか」と聞くと、「1万ドルだ」との答えだった。

エドがコーヒーや紅茶を進めてくれた。「あなたの話をメモしていいですか」と聞くと、「OK」と言われた。僕は持ってきたエドの書いたペーパーのファイルを見せ、「これは全部あなたの書いたものです。あなたは日本ではスーパーマンとして知られています」と説明した。エドは、「そんなことはない」と言ったが。

写真 1-1 バーカレー自立生活センターのクリスマス・パーティで。
左から呼吸補助装置を使っているエド・ロバーツ、
中央はセンター長のマイケル、清家一雄（1985 年 12 月）

写真 1-2 鉄の人工呼吸器に入っているエド・ロバーツと清家一雄（1986 年 4 月）

出所：清家一雄，「アメリカの一年」[5]，『脊損ニュース』1987 年 10 月号，pp.20-23.

6．まとめ

私は幼い頃、交通事故で両手を失い、肢体不自由者として生活してきました。大学院時代から特別支援教育を専攻し、筑波大学で博士（障害科学）を取得しました。筑波大学特任助教を経て、現在は群馬大学教育学部准教授として、肢体不自由児の心理と教育を教えています。このような背景を持つ私ですが、大学時代までは「自立」を身辺自立と就労自立という観点から捉えていました。その結果、現実的には無理であるにもかかわらず、自己完結型の自立を達成しようとすることで、日々の生活で大きなプレッシャーを感じていました。他者にできるだけ依存しないことが障害者としての美徳だと強く信じていたためです。

しかし、エド・ロバーツの考え方と自立生活運動を知り、私の人生は大きく変わりました。日々感じていた心の負担や不安が大幅に軽減されたことが何よりも嬉しいです。また、他者の助けや支援を上手に求める方法を学びました。他者が「楽しく」「気軽に」手助けしてくれるようにする方法、つまり他者に負担を感じさせず、助けや支援をしてもらえることを身につけました。私は、私の経験から見ても、肢体不自由者とその家族、そして関係者が「自立」に対する理解を深めることが、肢体不自由者の自立と社会参加を促進する第一歩だと考えています。

TEA BREAK ①

障害者の権利に関する条約

任 龍在

障害者の権利に関する条約（略称：障害者権利条約，Convention on the Rights of Persons with Disabilities）は、障害者の人権及び基本的自由の享有を確保し、障害者の固有の尊厳の尊重を促進することを目的としています（第1条[1)]）。この条約は、障害者の権利の実現のために立法や行政をはじめとするあらゆる適当な措置を取るべきことを定めています。2006年12月13日に国連総会で採択され、2008年5月3日に発効しました。日本は2014年1月20日にこの条約の批准書を寄託し、同年2月19日に日本においても効力が発生しました。

この条約の批准に先立ち、日本政府は障害当事者の意見も聴きながら、国内法令の整備を進めました。具体的には、2011年8月の「障害者基本法」の改正、2012年6月の「障害者の日常生活及び社会生活を総合的に支援するための法律」（総合支援法）の制定、2013年6月の「障害者の雇用の促進等に関する法律」（雇用促進法）の改正および「障害を理由とする差別の解消の推進に関する法律」（障害者差別解消法）の制定などが行われました。

この条約の主な内容は以下の通りです。

1. 一般原則：障害者の尊厳、自律及び自立の尊重、無差別、社会への完全かつ効果的な参加及び包容など。
2. 一般的義務：合理的配慮の実施を怠ることを含め、障害に基づくいかなる差別もなく、すべての障害者のあらゆる人権及び基本的自由を完全に実現することを確保及び促進すること。
3. 障害者の権利実現のための措置：身体の自由、拷問の禁止、表現の自由等の自由権的権利及び教育、労働等の社会権的権利について締約国が取るべき措置を規定。社会権的権利の実現については漸進的に達成することを許容。
4. 条約の実施のための仕組み：条約の実施及び監視のための国内の枠組みの設置。

---

1) この条約は、全ての障害者によるあらゆる人権及び基本的自由の完全かつ平等な享有を促進し、保護し、及び確保すること並びに障害者の固有の尊厳の尊重を促進することを目的とする。

TEA BREAK 

障害を理由とする差別の解消の推進に関する法律

任龍在

障害を理由とする差別の解消の推進に関する法律（略称：障害者差別解消法）は、すべての国民が障害の有無によって分け隔てられることなく、人格と個性をお互いに尊重し合いながら共に生きる社会を実現するために、障害を理由とする差別の解消を推進することを目的としています。2013 年 6 月に成立し、2016 年 4 月 1 日に施行されました。

この法律は、障害者基本法第 4 条の「差別の禁止」を具体的に実現するために、国の行政機関や地方公共団体に対して「法的義務」、民間事業者に対して「努力義務」を定め、具体的な対応方法を示しています。

この法律における「障害者」とは、障害者手帳を持つ人だけでなく、障害者手帳を持っていなくても、何らかの機能障害がある人も含まれます（第 2 条）。また、障害を理由とする差別を解消するための支援措置として、「不当な差別的取扱いの禁止」と「合理的配慮の提供」の 2 つが定められています。

まず、「不当な差別的取扱い」（第 6 条）は以下のように定義されています。

① 障害のある人に対して、正当な理由なく、障害を理由として財・サービスや各種機会の提供を拒否すること
② 障害のある人に財・サービスや各種機会を提供するにあたり、正当な理由なく、障害を理由として場所や時間帯などを制限すること
③ 障害のない人に対しては付けない条件を付けることなどにより、障害のある人の権利や利益を侵害すること

ただし、「正当な」理由がある場合には、障害のない人とは異なる扱いをすることがやむを得ないこともあります。具体的な場面や状況に応じて総合的・客観的に判断し、正当な理由があると判断した場合は、障害のある人にその理由を説明し、理解を得るよう努めることも定められています。

次に、「合理的配慮」とは、障害の有無にかかわらず平等な機会を確保し、社会的障壁をなくすために行われる対応や支援を指します。国の行政機関や地方公共団体は「法的義務」として、民間事業者は「努力義務」として合理的配慮を提供する必要があります（ただし、「過度な負担」が伴う場合は除く）。

しかし、「不当な差別的取扱いの禁止」と「合理的配慮の提供」が法律で定められているだけでは、不当な差別的取扱いかどうか（正当かどうか）、過度な負担かどうかについて論争が続きます。そのため、ガイドラインが必要であり、国の行政機関や地方公共団体には「対応要領」が、民間事業者には「対応指針」が作成されています。

現在､国の行政機関や地方公共団体は「対応要領」と「具体例」を作成し、障害を理由とする差別の解消に取り組んでいます。これらの機関や団体を利用する際には、ホームページなどで確認することができます。

問題は、民間事業者の「合理的配慮の提供」が国の行政機関や地方公共団体とは異なり、「努力義務」にとどめられていることです。今後、民間事業者についても「合理的配慮の提供」を「努力義務」から「法的義務」に引き上げる必要があります。また、障害者や関係者は、国の行政機関や地方公共団体の対応要領および具体例、民間事業者の対応指針および具体例を常に確認し、障害を理由とする差別の解消を促進するためのより良い提案を行うことが求められます。差別のない社会は､誰かが与えてくれるものではなく、私たち自身が着実に作り上げていくものだと思います。

第２章

能力主義からの脱却
―見捨てられ不安を越えて―

川端 舞

私は、1992 年に群馬県伊勢崎市で生まれました。難産のために無呼吸状態で生まれた結果、脳性まひという障害になりました。普段は電動車椅子で移動し、食事や着替えなどは全介助で生活しています。言語障害もあり、うまく言葉を発音できません。そのため、初対面の人には、必ず「私の言葉が聞き取れなかった時は、遠慮なく聞き返してください」とお願いしています。小学校から高校まで、両親の強い意向により、普通学校に通いました。筑波大学進学とともに、茨城県つくば市に引っ越し、以来、介助者の助けを借りながら一人暮らしをしています。大学卒業後、教育学を研究するために同大学大学院に進学しましたが、大学院在学中に出会った障害者運動に大きな影響を受け、過剰な能力主義の社会に疑問を持ち、１年半の休学を経て、大学院を退学しました。現在は、真のインクルーシブ教育の実現のために自分に何ができるのか模索中です。

1.「頑張り屋さん」の表と裏

子どもの頃の私は、いわゆる「優等生」で、小学校時代から常に周囲から「頑張り屋さん」と呼ばれていました。確かに、まひのある手で文字を書くのにどんなに時間がかかっても、学校の宿題は必ずやり、テストはいつも高得点。図工での工作も、どうしたら他の子と同じようにできるのか介助員と一緒に考え、体育もできる限り歩行器で参加していました。周囲から見れば、頑張り屋さん以外の何者でもなかったでしょう。

私自身、頑張ることを楽しんでいた部分もあります。しかし同時に、心の奥に言いようのない不安が常にあったのも事実です。

写真 2-1　小学校の運動会

「あなたには障害があるのだから、勉強ができないと見捨てられるよ」

これは、小学校から高校にかけて、事あるごとに、母から言い聞かされ続けた言葉です。

私が小学校に就学するとき、私の両親は教育委員会から強く養護学校（現・特別支援学校）への入学を勧められました。しかし、私の父は養護学校の教員をしていて、養護学校の生徒が大学に進学できる確率はとても低いことを知っていました。当時の私の様子から、私には知的障害はないと思った両親は、将来の選択肢を広げるために、大学まで進学できる学力を私につけさせたいと願い、普通学校の普通学級に私を通わせたいと強く思ったそうです。養護学校を強く勧める教育委員会と粘り強く交渉した結果、私は「入学後の修学状況をみて養護学校への転校もあり得る」という前提で、市で初めての「介助員付の普通学級在籍」を認められました。その一方、小学３年生の時まで、毎年 11 月頃になると市教委を経由して学校長から「次年度は養護学校が適当である」という文書が両親のもとに届き続けたそうです。養護学校への転校をいつ提案されるか分からない不安を母は常に抱えていました。そんな背景から、母は当時小学生の私に、「あなたには障害があるのだから、勉強ができないと見捨てられるよ」という厳しい言葉を言ってしまったのです。

大人になった今考えれば、第一子が重度障害児であり、何もかも手探りで子育てをしていた当時の母にとって、私の将来に不安を感じるのは至極当然のことであり、できる限り他の子どもたちと同じように育ち、将来の可能性を広げてやりたいと思っていたこと、そして、いつ養護学校への転校を提案されるか分からない不安から、私に厳しい言葉を言ってしまったことは、十分理解できます。母にとっては、私に厳しい言葉を向けることで、普通学校に通い続けられるようにすることが精いっぱいの愛情だったのでしょう。しかし、そのような厳しい言葉の裏に隠された母親の葛藤を理解しろというのは、まだ小学生の子どもには無理な相談です。ただ母の言い方から、自分に障害があるのは、何か自分が悪いことをしたからで、だから、勉強までできなくなったら、自分はお母さんに見捨てられてしまうのだと、当時の私は解釈しました。もちろん、母が「見捨てられる」という言葉を使ったのは、学校に見捨てられるという意味で、母が私を見捨てるという意味は、その言葉には含まれていませんでした。でも、6歳の私の心には「勉強ができないと、お母さんに見捨てられる」という恐怖にも似たメッセージが深く刻まれてしまいました。そして、このことが後々、私たち母娘を苦しめることになるのです。

子ども時代、周囲から「頑張り屋さんだね」と言われると、うれしい半面、「私は頑張り屋さんで、勉強もできるから、ここにいられるのだ」と思っていました。小学校高学年にもなると、学校のテストの前日は、「もし明日のテストができなかったら、見捨てられてしまうのだろうか」と、不安で仕方なかったことを覚えています。

障害の程度や、勉強ができるかできないかで、障害のない子どもたちと一緒に普通学校に通えるかどうかが決まるという考え方は、そもそも間違っている。大人になった今、いろいろな障害がある人と関わりながら活動していく中で、そう思えてきました。「勉強ができなかったら見捨てられる」と信じて疑わなかった子ども時代の私が、そのような能力主義の社会は根本的に間違っていると思えるまでになった過程を、これから紐解いていきたいと思います。

2．敷かれたレールの上を

小学4年生くらいの頃、「なぜ勉強しないといけないのか」と母に聞いたことがあります。母はこう答えました。

「勉強して大学に行くことで、障害があっても社会で働けるようになって、自立的に生きていける可能性が広がるんだよ。」

大人になった今は、障害者が自立するためには必ずしも大学に行くことは必須条件ではないと理解できますが、当時の私は母の言葉を拡大解釈して、「障害者は大学に行かないと社会で生きていけないんだ」と信じ込んでしまいました。その時から、私の前には、「誰にも負けないくらい勉強をして、大学に入って、健常者に負けないような仕事をする」という一本のレールが敷かれました。

敷かれたレールから外れないように、私は必死に勉強しました。私の背後にあったのは、このレールから外れたら、私は社会で生きていけないんだという恐怖心でした。特に、中学３年生の１年間は言いようのない不安に襲われました。そのころから母は、私を、当時日本で一番多くの障害学生が通っていた筑波大学に行かせたかったようです。大学に進学する障害学生が今よりずっと少なかった当時、筑波大学は昔から重度身体障害のある学生を数多く受け入れていることで有名であり、筑波大学に入学すれば将来社会で自立できる可能性が広がるのではないかと母は期待したそうです。母の想いを知っていた私は、筑波大学に合格できれば母に見捨てられないと思い、筑波大学を目指せるレベルの高校を受験しました。「もしその高校に落ちたら、母に見捨てられて、私は家にいられなくなるのだろうか」受験勉強をしながら、私はそんなことを考えていました。母に直接は聞けませんでしたが、その恐怖と闘いながら、私は必死に受験勉強に励みました。

その結果、私は無事に目指していた高校に合格しました。しかし、見捨てられ不安と追いかけっこしながらの受験勉強は、高校合格というご褒美だけではなく、自分にも障害がありながら、他の障害者を見下すという深い闇を、私の心にもたらしました。この頃から、街で車椅子に乗っている人を見かけると、「私は勉強ができるから、あの人とは違う」と思う自分がいました。今考えると、「その人と話したこともないのに、なんと失礼なことを思うのだろう。そもそも、障害があろうがなかろうが、人間は一人一人違っていて当たり前なのに」と思いますが、当時の自分はほとんど無意識のうちに、他の障害者を見下していました。母から聞かされ続けた「障害者は、勉強ができないと見捨てられる」という言葉が、いつの間にか私の中で根を張り、私自身の考え方になってしまったのです。この考え方は、私の自尊心にも大きな影響を与えました。

3．母の言葉の呪縛

高校に入学し、「大学受験」という言葉が生活の中で現実味を帯びてくると、私の中の見捨てられ不安は加速度的に大きくなっていきました。

この頃には、母が私に「見捨てられる」という言葉を使うのは、私を普通学校に居続けさせたいからであり、母自身は私を見捨てるつもりはないことは頭では分かっていました。また、高校時代の私には、「どうせ私は勉強ができないと見捨てられるんでしょ」という偏屈な質問に、「そんなことないよ」と何度も答えてくれる、信頼できる先生もいました。しかし、幼い頃から長い間信じてきた命題を簡単に書き換えられる訳はありません。「勉強ができなくても見捨てられない」という先生の言葉を信じたい。でも、それを信じてしまったら、学校から、そして母から見捨てられないために頑張って勉強してきた自分の今までが否定されてしまう気がして、どうしても信じられませんでした。そんな葛藤を抱えながら、それでも私は母に、より正確に言えば「社会」に見捨てられないために、必死に大学受験の勉強をしていました。母の介助がないと、家から出て、どこかに遊びに行くこともできなかった子ども時代の私にとって、母が「社会」のすべてでした。

当時の自分のように、誰かに見捨てられないために頑張ることを、私はお勧めしません。それは本当に苦しいことです。優秀でないと誰にも認められないという、ガチガチの能力主義に自分がのっとられてしまいます。そのような人間が、実際に「優秀である」と周囲から認められてしまったらどうなるのか、私自身の例を見ていこうと思います。

写真 2-2　高校の卒業式の日に担任の先生と撮った一枚

4．母からの解放と燃え尽き症候群

見捨てられ不安の中でもがき続けた結果、私は筑波大学に合格することができました。私の大学合格を母はとても喜んでくれました。大学進学のため、茨城県つくば市に引っ越し、一人暮らしを始める日、「これからは自分の好きなように生きればいい」と母に言われたのを覚えています。私が小学生の頃から、筑波大学に入学させられれば、私を自立させられるとずっと信じてきた母は、その念願だった夢が叶い、これから先は私が自分の手で自分の人生を作っていけると思って、肩の荷が下りたのでしょう。一方、大学に入学し、一人暮らしをはじめた私が最もうれしかったことは、自分の好きな時に近所のコンビニに行き、誰の顔色もうかがわずに、好きなお菓子を買うことができることでした。障害のない子どもなら、小学校高学年にもなれば、一人でお店に行き、お小遣いでお菓子を買うこともあるでしょうが、私は高校時代まで、両親の介助がないと外出することができなかったため、親と一緒にしか買い物に行ったことがありませんでした。子ども時代の私は親にとっての「良い子」を演じる癖がついていて、買い物に一緒に行く親に自分の欲しいものを伝えることが苦手でした。それが、大学に進学し、段差の少ないアパートで一人暮らしを始めると、時間はかかるけれど、一人でコンビニに行けるようになりました。今までは親の顔色をうかがわないと、何も買えなかったのが、自分でコンビニに行き、商品と自分の財布を店員に渡し、店員に財布からお金を出してもらえば、好きな時に好きなお菓子を買えることに気づきました。他の人にとっては些細なことなのもしれませんが、親の顔色を見なくても、自分の好きなことができることを実感した時、「これからは自分の思うように生きていこう」と思いました。

さて、筑波大学の障害科学類に入学した私は、同級生に聴覚障害がある友達がいたこともあり、手話サークルに入りました。入学当初は、自分は手にもマヒがあり、手話が上手にできるはずがないと、手話サークルに入ることをあきらめていましたが、勇気を出して行ってみた手話サークルの見学会で、「手話が分かるようになりたい」という私の気持ちを先輩や同級生が受け入れてくれ、そのまま手話サークルに入ることになりました。高校時代までの私は、勉強だけが学校に行く目的であり、私が他の生徒と同程度に、またはそれ以上に、その目的を達成できないと、学校という集団から追い出されてしまうと思い込んでいました。しかし、手話サークルは「手話を学ぶ」というメンバー共通の目的はありますが、私のように自分の手で上手に手話ができなくても、「みんなと一緒に手話を学びたい」という気持ちを大切にしてくれ、どうしたら私の希望が叶えられるかを一緒に考えてくれる場所でした。おかげで、私は手話サークルの一員として学園祭の出し物に参加したり、「自分の手で手話をうまく表現することはできないけれど、手話の読み取りならできる」と同級生から認めてもらえるようになったりと、手話サークルを満喫することができました。手話サークルを通して、「障害の程度や能力に関係なく、本人の『みんなと一緒にいたい』という気持ちを尊重するために、どうすればいいかをみんなで考えていく」という本当のインクルーシブ教育に初めて触れた気がしました。

しかし、そんな充実した大学生活の中で、大学１年の冬、ピタっと、大学に通えないどころか、一歩も家から出られなくなった時期がありました。大学に行かなければならないと思うのですが、重苦しい虚無感に襲われ、ベッドから起き上がれないという日々が、３か月ほど続きました。「頑張り屋さん」と呼ばれ続けた高校時代までとは、かけ離れた自分自身に嫌悪感を抱きながら、どうしても体が動きませんでした。

自分が何のために頑張ればいいのか、分からなくなったのです。高校時代まで、私はただ「勉強ができないと見捨てられる」と信じこみ、周囲に見捨てられたくないがために、「頑張り屋さん」を演じてきました。将来自分が何をしたいか考えることはありましたが、それは二の次で、ただ社会から見捨てられることが怖くて、その恐怖心から必死に勉強してきました。

そして、やっと大学合格という目標を達成し、母から「これからは自分の好きなように生きればいい」と言われた時、私はこれから目指すべき場所を失ってしまったのです。今までずっと周囲からの評価だけを気にして、走り続けてきた人間が、いきなり「これからは自分の好きなように生きなさい」と言われても、自分が何をやりたいのか、分かるはずもありません。自分の目標すら分からない姿を誰にも見られたくなかった私は、手話サークルの仲間からも隠れるように、アパートに引きこもるようになりました。

頑張ることはいいことだとよく言われますが、子ども時代の私のように、周囲から評価されるためだけに頑張っても、自分自身を苦しめるだけです。本当は自分はどうなりたいのかが分からなくなってしまいます。現在も続く学歴偏重の社会で成長した子どもたちの中には、障害がなくても、当時の私と同じような苦しさを感じている子も少なくないと思います。障害の有無にかかわらず、自分が好きなこと、本当にやりたいことのために頑張らないと、たとえ目標を達成したとしても、そのあと、自分がどこに進めばいいのか、目標を見失ってしまいます。

何のために頑張ればいいのか分からなくなった私は、一時期、引きこもり状態になり、大学を休学することも考えました。その暗闇から何とか抜け出せたのは、手話サークルの仲間がいたからです。「頑張り屋さん」が崩壊し、抜け殻状態になっても、彼らは私から離れず、堕落した私を本気で心配してくれました。「頑張り屋さん」ではない自分でも受け入れてくれる仲間がいる。そのことが本当にありがたくて、この仲間たちともっと一緒に過ごしたいという思いから、私は休学せずに、大学に通いました。初めてありのままの自分が受け入れられたように感じました。

写真 2-3　大学の卒業式にて、手話サークルの仲間と

5．自分の役割を探して

私が進学した筑波大学障害科学類は、「障害」というものを教育学・心理学・病理学など多角的な視点から学ぶところです。高校時代の私は、「筑波大学は障害学生への支援が手厚いから」と母に言われるがまま、筑波大学を目指しました。しかし、筑波大学の障害科学でなら、高校時代までの自分が漠然と感じてきた、障害があるがゆえの生きづらさの原因を解明することができるのではないかと、私自身が考えていたことも事実です。

大学入学後、自分の居場所が手話サークルの中にできるにつれ、ふと疑問に思うことがありました。どうして高校時代までは、今のような居心地のよい友達関係ができなかったのだろう。過去の自分のように、普通学校に通う障害児が、障害があるがゆえに悩んだ時、どう支援すればいいのだろう。大学 1 年の冬に、子ども時代の経験が原因で悩んだことも重なり、大学２年生になると、私は自分の疑問を考えるために、特別支援教育に関する講義を積極的に受けるようになりました。しかし、どんなに特別支援教育に関する講義を受けても、特別支援学校のことは分かっても、私のように、重度な障害がありながら普通学校に通う障害児への支援についてはほとんど分かりませんでした。まるで、重度障害の子どもは普通学校にはいないかのように。けれど、そのような障害児も全国にはたくさんいるはずで、普通学校に通う障害児も、特別支援学校の児童生徒と同じように、障害特性に応じた支援が必要なはずです。子ども時代の私に、どうすればもっと同級生とコミュニケーションをとれるか一緒に考えてくれる支援者がいたならば、私は自分の言語障害に劣等感を抱くことなく、もっと学校生活を楽しめたかもしれません。大学の講義で、普通学校に通う障害児への支援を学べない現実に反比例するように、私の中で、普通学校での障害児への支援を考えたい気持ちは次第に大きくなっていきました。

この頃から私は、普通学校に通う障害児をそばで支えられる人間になりたいと思い始めました。それが、重度の障害がありながら、普通学校で育った自分の使命なのかもしれないと。その使命感から、もっと教育について学ぼうとしましたが、それは高校時代までの「勉強ができないと見捨てられる」という恐怖心からくる、周囲から押し付けられた努力ではなく、純粋に自分のやりたいことのための努力でした。周囲からのプレッシャーを感じずに、ただ自分のやりたいことのために勉強するのはこんなに楽しいことなのだと、この時はじめて気づきました。

大学４年間、障害科学を学びましたが、結局、障害科学の中では普通学校に通う障害児の支援についてはほとんど学べませんでした。自分が考えたいことは、特別支援教育ではなく、一般の教育学の中にあるのではないかと思った私は、大学卒業後、筑波大学大学院の教育学専攻に進学しました。しかし、大学院進学後、一般の教育学の中でも、普通学校に通う障害児の支援についてはほとんど扱われていないことが分かり、どこに行けば、自分の考えたいことを考えられるのか、暗中模索の日々が続きました。

当時の自分の状況を補足すると、当時の筑波大学の障害科学の先生の中にも、私が模索していたような普通学校・普通学級に在籍している障害児への支援について取り組んでいた先生もいらっしゃいました。しかし、現在の日本では、特別支援学校に在籍している障害児の方が圧倒的に多いため、大学の講義の中では特別支援学校のことが中心になってしまい、普通学校に在籍している障害児については深く取り上げる時間はありませんでした。それでも講義で直接取り上げられなくても、個人的に質問すれば、普通学校に在籍している障害児の現状や支援体制について教えてくださる先生もいたはずです。今になって思えば、自分の中だけで悩むのではなく、もっと大学の先生とお話ししていれば、自分が本当にやりたかった、普通学校での障害児への支援に関する研究テーマが見つかったのかもしれません。その一方で、大学時代の自分には、自分が今まで受けてきた学校教育を客観的に振り返り、それを卒業研究にまで仕上げていく力はなかっただろうとも思います。大学を卒業後、障害者運動に出会い、自分よりも重い障害を持った方達から、子ども時代の経験や、重度障害者が社会の中で生きていくのはどんなことなのかについて、さまざまな視点からお話を聞く機会に恵まれ、また私自身の子ども時代の経験を話す機会も何度かいただきました。そうする中、2年程かけて、やっと自分の受けてきた学校教育を冷静に振り返ることができるようになった気がします。それでも時々、昔のことを思い出し、感情が溢れ出てしまう弱い自分もまだいます。そのような私が、大学時代に自分の過去と重ね合わせるような研究をしてしまっていたら、心が耐えられなかっただろうと思います。

私は、大学に入学してから、自分のやりたいことを探すために、ずいぶん遠回りをしたのかもしれません。しかし、そんな遠回りをする日々がなかったら、今も私は親や周囲の期待に応えるためだけに人生を歩んでいたでしょう。常に周囲からの期待や評価を気にしながら生きていくのは苦しいことです。人から与えられた物差しでどんなに自分を測っても、自分で自分を認めてあげることは私にはできませんでした。本当に自分がやりたいことをやるために、どれだけ努力することができたかに注目できるようになって初めて、自分で自分をほめてあげられるようになった気がします。周囲の期待から抜け出し、遠回りをしながら、自分が本当にやりたいことを探し続けた大学・大学院時代の自分を、私は誇りに思います。

6．食事介助を受けていいんだ！

大学院時代、自分のやりたいことを模索していたある日、私は全国障害学生支援センター[1]の代表である殿岡翼さんにお会いしました。殿岡さんに初めてお会いしたのは、高校２年生の夏、東京大学の一般公開シンポジウムで、障害学生の大学受験における配慮に関する殿岡さんの講演を聞いた時です。その後、少しだけ直接お話を

1) 全国障害学生支援センターは、「学びたいときに、学びたい場所で、自由に学べる社会」の実現を目指して、障害をもつ人の教育、とりわけ高等教育の分野において、障害学生支援に関するさまざまな情報を提供しています。主な活動は、障害学生のための受験サポートガイド『大学案内障害者版』（書籍とホームページ）の発行です。

したのですが、それから約7年半、殿岡さんとお会いすることはなく、Facebookでつながっているだけでした。そんな中、突然、殿岡さんからランチのお誘いをいただいたのです。本当に突然のことで、最初は驚きました。当時、私は大学院で学んでいたものの、自分がやりたかった普通学校での障害児への支援については全く学ぶことができず、暗中模索している最中で、日々悩んでいることをFacebookに書き込んでいました。それを見た殿岡さんが、私に興味を持たれ、直接話したいと思われたようです。

殿岡さんとお会いした日、私のやりたいことの参考になればと、殿岡さんは活動されている障害学生支援について興味深い話をたくさん私にしてくださいました。しかし、それ以上に私を釘付けにしたのは、殿岡さんの介助者でした。殿岡さんも私と同じ脳性まひという障害を持っているのですが、その日、殿岡さんはレストランに介助者を連れてきて、ご飯を食べるとき、食事介助を受けていたのです。殿岡さんは食事介助を受けながら、私にさまざまな話をしてくださいました。一方の私は、自分でご飯を食べることに必死になっていました。

幼いころから、自分でできることはどんなに時間がかかっても自分でやることが良いことだと思ってきた私にとって、人より時間はかかっても自分でご飯を食べることは当たり前のことでした。私が自分でご飯を食べるとき、できるだけこぼさずにご飯を食べるということに神経を集中させてしまい、食事中に周囲と会話を楽しむ余裕はほとんどありません。幼いころからそれが日常だったので、そのことに対して何の疑問も持ちませんでした。

ご飯を食べることに必死で、食事中に会話ができない私を見て、殿岡さんはこんな話をしてくださいました。「私も昔は自分でご飯を食べていたのですが、そうすると食事中に会話をする余裕がなくなってしまい、自分も周囲も食事の時間を楽しめないことにある時気づきました。私は自分でご飯を食べることよりも、家族や周囲の人と食事の時間を楽しむことを大切にしたかったので、その余裕を作るために食事介助を受けることにしました。自分が何を大切にしたいのかで、どんな介助を受けるのかを自分で決めて良いのです。」

その日の帰り道、私は殿岡さんの言葉を思い出していました。確かに私も食事介助を受けた方が、友達と食事をするときも、友達との時間を楽しめるかもしれない。そして、食事介助を受けることで、今よりも速く食事を終わらせることができたら、より多くの時間を自分のやりたいことに費やせるかもしれない。私にとってそのようなことの方が、自分でご飯を食べることより大切なのではないか。そう考えた私は、自分も食事介助を受けたいと思いました。

しかし、食事介助を受けたいことを当時利用していたヘルパー事業所に相談したところ、「どうして自分で食べられるのに、食事介助を受けたいのか」と聞かれてしまいました。自分がやりたいことをする前に、自分でできることは自分でするべきだという文化がそこには流れていました。「食事介助を受けた方が、自分のやりたいことができる」という私の主張はそこでは受け入れられませんでした。

そのことを殿岡さんに相談すると、自立生活センターというところに相談することを勧められました。当時の私は、自立生活センターがどんな団体なのか全く知りませんでしたが、殿岡さんに言われるがまま、家の近くにあった自立生活センターへ相談に行きました。

7．頑張るな！他の障害者の迷惑だ！！

初めて自立生活センターの事務所に行ったとき、代表を含めた2人のスタッフが私の話を聞いてくれました。2人とも電動車いすに乗っていて、生活する上で常に介助が必要な障害者でした。私は2人に、今は一人暮らしをしているが、必要最低限の介助しかヘルパーに頼んでおらず、食事をするときも介助は受けていないこと、しかしこれからは自分のやりたいことを大切にしていくために、食事介助も受けたいと思っていることなどを話しました。その時、スタッフの1人に言われた言葉を今でもはっきり覚えています。

「こんな重い障害があるのに、どうしてご飯を一人で食べているのですか。あなたがご飯を一人で食べているのを周囲の人が見たら、『川端さんは重い障害があるのに、頑張ってご飯を一人で食べている。だから、他の障害者も頑張ってご飯を一人で食べるべきだ。』と思われてしまいます。あなたがご飯を一人で食べるのは、他の障害者にとっては迷惑でしかありません。」

その言葉に、頭を殴られた気がしました。今まで、私は自分でできることは時間がかかっても自分でするようにしてきたし、それが当たり前だと思ってきました。その考え方が他の障害者の迷惑になるとは思いもしませんでした。しかし同時に、その言葉は納得できるものでもありました。私は小学生の頃から周囲から「頑張り屋さん」だと褒められてきました。しかし、実は周囲から認められるためだけに頑張るのは苦しいだけなのだと大学時代に気づいた私は、子ども時代の自分を知る人たちが、「あの舞ちゃんもあんなに頑張っていたのだから、他の障害児ももっと頑張るべきだ」と思ってしまわないか心配になっていたのです。

頑張ること自体は決して悪いことではありません。しかし、障害のない人が何気なくやっている、「ご飯を食べる」などの日常生活の動作をするために、他の人の何倍も労力や時間を使うくらいなら、介助を受けて、少ない労力や時間でその動作を終わらせ、その分、自分が本当にやりたいことにエネルギーを費やすべきではないか。自立生活センターのスタッフの言葉は、私にそう問いかけているようでした。

8．自立生活センターの世界に足を踏み入れて

その後、私は自立生活センターの介助者を使い始め、同時に、自立生活センターとは何かについて学び始めました。

自立生活センターとは、障害者が運営する団体で、「障害者のことは障害者自身が一番よく知っている」という理念のもと、障害者が使いやすいサービスを障害者自身が作り出す運動団体であり事業団体であり、2020 年現在、全国に 120 以上の団体があります。重い障害があると、大人になっても、親元や入所施設など、障害のない人とは離された閉鎖的な環境で暮らすことが多いです。そうではなく、どんなに重い障害があっても、障害のない人と同じように、地域の中で当たり前に生活できる社会を作ることを、自立生活センターでは目指しています。

私が自立生活センターに関わるようになり、一番驚いたことは、介助者は障害者本人の指示に従って動き、介助者が障害者に指示されてやったことは、その障害者自身がやったこととしてみなされることです。例えば、私は一人では料理をすることはできませんが、野菜をどのように切るか、どの順番で鍋に入れるか、調味料は何を入れるかなど、私が介助者に指示を出しながら、介助者に作っても

らった料理は、私が自分で作ったことになります。もちろん、指示の出し方で料理の出来栄えも違ってきますし、その料理を誰かにごちそうしたら、その人から「おいしかった。ありがとう」と言われるのは、介助者ではなく私です。介助者に指示を出して、料理を作ったのは私ですから。

世間一般からすれば馴染みのない考え方かもしれませんが、このように考えることで、自分では包丁すら握れない私でも、料理を作ることができます。自立生活センターに関わってすぐの頃、初めて介助者に指示を出しながら、他の人のためにご飯を作り、その人から「おいしかったよ」と言われたとき、自分でも誰かの役に立てるのだと嬉しかったのを覚えています。

障害が重いほど、自分のやりたいことをするのが難しくなるというのが一般的な考え方かもしれません。しかし、介助者に指示を出してやってもらったことは、指示を出した障害者自身がやったことであると考えれば、どんなに障害が重くても、自分がやりたいことをやることができるのです。

どんなに障害が重くても、介助者を使いながら、自分のやりたいことを実現することで、自分らしい人生を自分で作っていく。これが障害者の「自立」であると自立生活センターでは考えます。このような「自立」をするためには、自分のやりたいことを周囲に伝えられることが求められますが、たとえ障害のためにうまく言葉で伝えられない人であっても、その人なりの伝え方で、周囲の人に自分の意思を伝えられ、周囲の人がその人の意思をくみ取ることができれば、「自立」できると自立生活センターでは考えています。

9．障害者としての私の葛藤

自立生活センターの世界に入り、「どんなに障害が重くても、介助を受けていけば、社会で生きていける」「そんな社会にしていくべきだ」という考え方に出会ったことで、障害があってもいいのだという安心感とともに、何とも言えない居心地の悪さを感じるようになりました。今まで自分は「障害者は勉強ができないと見捨てられる」と信じて生きてきたのに、突然、目の前に「どんなに障害が重くても、地域で生きていける社会にすべきだ」という正反対の考え方が降ってきたのです。小学校からずっと普通学校に通い、障害のない人が多数を占める社会で生きてきた私は、障害のある人と関わった経験が浅く、できるだけ健常者に近づくことが、自分が社会で認められる条件であると信じ込んでいました。そのような人間がいきなり自立生活センターの考え方に出会っても、素直に受け入れられるはずがありません。「障害のある自分のままでいい。どう頑張っても、健常者にはなれないのだから」というような考え方に触れるたび、今まで健常者に近づこうと必死に頑張ってきた自分を否定されるようで、どうしたらいいか分かりませんでした。

一方、大学院に行くと、障害者は私だけであり、障害がある分、他の学生より優秀でないと認められないという現実がそこにはありました。自立生活センターの考え方と大学院での考え方のギャップに、頭の中は混乱していました。しかし、「どう頑張っても、健常者にはなれない」ということは動かしようもない現実であり、その現実に逆らって、常に障害のない人よりも優秀であろうとすることに疲れを感じていた私は、いったん大学院を休学し、自立生活センターの活動に集中することを決めました。

その頃から、障害があっても暮らしやすい地域を作るために、自立生活センターが開催するさまざまなイベントを手伝うようになりました。その中で、次第に、無理に障害のない人と競争しなくても、障害があるからこそできることもある、ということに気づいていきます。例えば、私が関わる自立生活センターで毎年、障害児の親御さんに向けて、障害者が自分の子どもの頃の経験をお話しするイベントを開催します。そこでは、障害があるなかで育ってきたからこそ、伝えられることがたくさんあり、それを聞いた親御さんから、貴重な話を聞けて良かったと言ってもらえることもあります。このようなイベントに関わる中で、障害があるということは、それ以外の部分で他の人より優秀であることで補うべき欠陥ではなく、障害があるからこその経験を周囲に伝えていくことで、他の障害者やその家族の力になれる一つの資質ではないかと思うようになりました。

写真 2-4　障害児の親御さんを対象にしたイベントで、
自分の子ども時代の経験を話している様子

10. 改めて「自立」とは

「自立」という言葉は世間一般では「経済的自立」を指すことが多いです。社会で働き、労働の対価としてお金をもらい、そのお金で生活していく。これが「自立」であり「社会参加」だと一般的には考えられています。昔、母が私に「勉強ができないと見捨てられる」と言ったのも、「障害のためにできないことも多い分、勉強だけは誰よりもできないと、どこの会社にも雇ってもらえず、お金を稼げない」という経済的自立の考え方が根本にあります。この考え方によって、当時の私は周囲に見捨てられないためだけに必死に勉強し、その結果、大学進学後に自分の目標を見失ってしまったのです。

自立生活センターでの活動を通して、さまざまな障害のある人と関わる中で、社会には私より重い障害がある人もたくさんいることを知りました。確かに、障害が重度であるほど、障害のない人と同じように働くということは難しいです。経済的自立の考え方から言えば、そのような障害者は自立できないことになります。しかし、重度障害者が介助を受けながら堂々と街中に出て、その姿を多くの人に見てもらうことで、重度な障害があっても、介助を受けることができれば、自分らしく生きられるということを伝えられます。その積み重ねにより、「障害があると何もできない」という社会的イメージを変えられ、他の障害者にとっても生きやすい社会に少しずつ変えていくことができることを、自立生活センターの活動を通して学びました。また、障害があるからこそ、他の障害者やその家族に伝えられることもあります。その営みにはお金という対価は払われないことも多いですが、それも社会をより良いものに変えるという立派な社会参加の一つなのだということに少しずつ気づいていきました。そのような社会参加のためには、障害のない人と同じように働けることは必ずしも必要ではありません。それよりも、自分らしく堂々と生きるために、必要なサポートを周囲からきちんと受けることができる力が必要なのです。これが自立生活センターの考える「自立」です。

自立生活センターに出会って数か月、今まで信じ込んできたものとは違う自立観にまだ戸惑っていたころ、他の自立生活センターの障害者スタッフの方から、興味深い考え方を聞きました。「重度障害者が介助を受けながら街中に出たり、自分の経験を多くの人に語ったりすることで、地域の中で重度障害者が介助を使いながら暮らすことが当たり前の社会になっていくはずです。それは、未来の障害者がより生活しやすい社会にするためには重要な仕事です。しかし、この仕事には直接的な対価は支払われないのが現状です。その代わりとして、障害者が国から受け取るのが障害年金や生活保護だと考えてよいのではないでしょうか。」この考え方は私にとって納得のいくものでした。私も障害年金を受け取っているのだから、それに見合うように、障害があっても生活しやすい社会を作るために、介助を受けながら堂々と社会に出て、自分の経験を多くの人に語っていこうと思いました。

「必要なサポートを受けながら、自分らしい生活を実現していく。」このような自立観は、1980 年代から 90 年代にかけて、日本全国で起こった障害者の社会運動の中で生まれてきた新しい考え方です。現在は日本全国に自立生活センターがあり、障害者の新しい自立観を社会に広めようと、多くの障害者がさまざまな活動をしていますが、それでもまだ一般社会では、「障害のない人と同じように働くこと」が自立であるという考え方が蔓延っています。そのような社会の中で、障害児の親御さんが新しい自立観に触れる機会は非常に少なく、障害のない人と同じように働ける能力を自分の子どもにつけさせないと、将来社会で自立できないと思ってしまう方がいても仕方がないと思います。私の母のように、将来自分の子どもを社会の中で自立させてあげたいという思いから、過度に厳しく障害児に接してしまう親御さんもいまだに多いでしょう。しかし、「障害のためにできないことはサポートしてもらいながら、自分のやりたいことを実現していけばいい」という新しい考え方は、障害者や福祉関係者の中で少しずつ広がっています。自分の地域にある障害者団体に相談すれば、障害があっても支援を受けながら地域で自分らしい生活を送っている障害者を紹介してもらえるかもしれません。障害児を育てている親御さんが、「障害のない人と同じように働ける能力をつけないと、社会で自立できない」という考え方から一歩抜け出し、苦手なことは周りに手伝ってもらいながら、自分のやりたいことを一つずつ実現していくお子さんの成長をあたたかく見守れるような環境に社会全体がなっていくことを願っています。

11. 本当のインクルーシブ教育って？

他の人より優秀であることで障害を補う必要はないと気づいた私は、では、どうしたら子ども時代の自分が、過度に優秀であることにこだわるのではなく、もっと楽しく周囲の子どもたちと関われたのだろうと考えるようになりました。大学院を休学してからも、普通学校での障害児への支援を考えたい気持ちは持ち続けていました。

そんな折、あるイベントを通して都内にある自立生活センター東大和の理事長である海老原宏美さんと出会いました。海老原さんは重度障害者として、自立生活センターの活動をしながら、インクルーシブ教育を広める活動をしていました。海老原さんに初めてお会いした時、私も普通学校に通う障害児を支援したいことを話しました。当時はまだ、自分の子ども時代を冷静に振り返ることができず、障害児が普通学校に通うことは本当にいいことなのか、自分のような苦しい経験をする障害児をまた生み出してしまうだけではないかと自問自答していました。しかし、障害児支援について考え続けることが、普通学校で苦しい経験をした自分の使命なのかもしれないと思った私は、その後、何度か海老原さんの活動を見に行きました。また、海老原さんが立ち上げた、障害者や障害児の親が集まって、インクルーシブ教育の推進を社会にはたらきかけていく団体である「東京インクルーシブ教育プロジェクト」にも関わるようになりました。

インクルーシブ教育について考えていくうちに、自分の子ども時代のように、勉強ができるかどうかで、障害児が普通学校に通えるかどうかが決まってしまうのは真のインクルーシブ教育ではないことに気づいていきました。そのような環境では、私のように、一人の人間を勉強ができるかどうかだけで判断する愚か者が出てきてしまいます。真のインクルーシブ教育はそうではなく、障害児が必要な支援は得ながら、周りから求められた「頑張り屋さん」を演じることなく、ありのままの姿で他の子どもたちと関わり合う空間だと、海老原さんをはじめ、さまざまな人とインクルーシブ教育について議論する中で学んでいきました。

もちろん障害児は他の子どもと比べて「できないこと」もたくさんあります。しかし、「できないこと」がある障害児が普通学校にいることで、他の子どもたちにも能力の多様性を保障できるとは考えられないでしょうか。私自身、自立生活センターでの活動を通して、たくさんの障害のある人と日常的に関わるようになって、障害のためにできないことがあっても、周りからサポートを受けることで、自分らしく生活できることを知り、できないことがある自分のままでいいんだと安心しました。障害の有無にかかわらず、できないことや苦手なことは誰でもあります。能力主義の社会では「できること」に価値が置かれがちですが、「できる」「できない」で優劣をつけるのではなく、できないことがあっても、お互いに助け合いながら進んでいける社会の方が、誰もが安心して生きられるはずです。「できないこと」もお互いに認め合える社会にするためには、幼い頃から、障害児も含めた「できること」「できないこと」がそれぞれ違う多様な子どもたちが一緒に育ち、お互いの違いを認め合う力を養う真のインクルーシブ教育が必要なのではないでしょうか。

子ども時代の自分が苦しかったのは、障害による「できないこと」をありのまま認めるのではなく、勉強面で優秀な成績を出すことで補うべきだと思っていたからです。また知人から聞いた話では、普通学校に通う肢体不自由児のために介助員が配置されていたのに、その介助員がトイレ介助をやりたくないという理由で、障害児が無理やり一人でトイレに行かされ、毎日トイレで転んでいたという事例もあるそうです。障害による「できないこと」を強制的に克服させたり、他の部分で補わせたりする教育では、お互いの違いを認め合う力は育ちません。真のインクルーシブ教育の必要性を感じた私は、その実現のために自分に何ができるのかを考えるようになりました。

12. 能力主義からの卒業―大学院を退学して―

インクルーシブ教育について深く考えるようになると、自分が今まで能力主義に飲み込まれていたことに罪悪感を持ち始めました。それまでずっと、勉強ができない障害者は見捨てられるのだと信じ込み、「能力が低い」と自分が勝手に思い込んだ障害者は見下していたのです。

そもそも「能力が低い」とはどんな状態なのかと、当時の自分に問うてみたいです。何かができずに、周りに助けてもらうからこそ、「何かができなくても、お互いに助け合えば、みんな一緒に暮らしていける」ということを周りに伝えられて、周りにいる人も「できないこともある」自分のことを大切にできるかもしれません。全ての人が、自分の周りにいる人に影響を与えられる力を持っています。このことに私が気づいたのは、自立生活センターとの出会いをきっかけに、さまざまな障害のある人たちと関わるようになってからでした。障害の有無にかかわらず、多様な子どもたちが関わり合うことで、お互いの多様性を認め合えるようになることがインクルーシブ教育の醍醐味のはずなのに、私は普通学校で育ちながら、能力主義に支配され、学力という一つの物差しでしか人間を見られなくなっていました。そのような私がインクルーシブ教育について考え続けていいのかと悩むようになりました。

一方、大学院に進学したからこそ、できることがあるのも事実です。真のインクルーシブ教育を考え始めた今だからこそ、学校の中に蔓延っている能力主義を批判的に論じる研究が大学院でできないかと模索しました。しかし、大学院そのものが能力主義の世界で、私がその世界で認められるためには、必然的に他の学生より優秀であることが求められました。このジレンマに苦しさを感じ、このまま、能力主義の世界である大学院に居続けても、自分が混乱するだけだと思い、１年半の休学の後、大学院を退学する決断をしました。

大学院を退学し、能力主義の世界から離れたことで、やっと自分を含めた障害者一人一人を、勉強が「できる」「できない」という物差しではなく、得意なことも苦手なこともある普通の人間として見ることができるようになりました。一方、私の中の見捨てられ不安はまだ根強く残っていましたが、大学院退学を機に、「今は、私を特定の物差しで測ることなく、ありのまま受け入れてくれる人たちがたくさんいる。私もこの人たちを信じたい」と思い、それまで不安になるたびに「自分は見捨てられないかどうか」を周りに聞いていたのを、「もう一切聞かない」と心に決めました。そうしてみると、不思議なことに自然と見捨てられ不安も小さくなっていきました。

昔、母が子どもの私に厳しい言葉を言ってしまったのも、私を健常児と同じように育てなければならないと、母自身が能力主義の社会の中で障害児の親として追い詰められてしまったからです。私が大学を卒業したころ、母が私に謝ってくれたことがありました。「母親として言ってはならない言葉を言ってしまった。本当に申し訳なかった」と。母も能力主義の犠牲者だったのです。もし当時、どんなに障害が重くても地域の中で当たり前に生きていける社会だったら、私たち母娘の関係もまた違うものだったのかもしれません。私の子ども時代に比べれば、近年、障害者が地域社会の中で暮らしやすいように制度や社会資源が整ってきましたが、それでも地域社会と分断された施設の中で生活している障害者もまだ多いのが日本の現状です。私たち母娘のように、過度な能力主義で苦しむ障害児やその家族を少しでも減らすためにも、重度の障害があっても介助者を使いながら当たり前に社会の中で生きていけることをもっと多くの人に知ってもらうことが、私を含めた自立生活センターに関わる障害者の役割だと思っています。

私は大学進学後、遠回りしながら自分のやりたいことを模索し、最終的に大学院を退学しましたが、大学に進学できたことは本当に良かったと思っています。大学に通学するために一人暮らしを始め、親元から物理的に離れたことで、親の考えを気にせずに、純粋に自分は何をやりたいかを考えられるようになりました。子どもの障害が重いと、学校卒業後の進路も周囲が決めてしまうことも多いようですが、その人がどこに住み、どのような人たちと関わりながら生活したいのかは、その人自身にしか分かりません。そして、自分がどのような生活を送りたいかを考えられるようになるためには、小さいころから「自分で何かを選ぶ」という経験を重ねる必要があります。 私は大学時代に一人暮らしをすることで、誰にも気兼ねせずに、自分の好きなお菓子を選んで買うという経験を初めてすることができました。小さなことであっても、自分のやりたいことを自分で選ぶという経験を大学時代に積み重ねられたおかげで、自分の人生を自分で決める力を少しずつつけられたと思います。そして、大学院退学を決めた時に初めて、周囲からの評価とは関係なく、純粋に自分のための人生を選べた気がしました。何よりも、私が悩んでいるときは見守ってくれて、大学院退学を決断した時は祝ってくれる人たちが周囲にいたことを幸せに感じます。

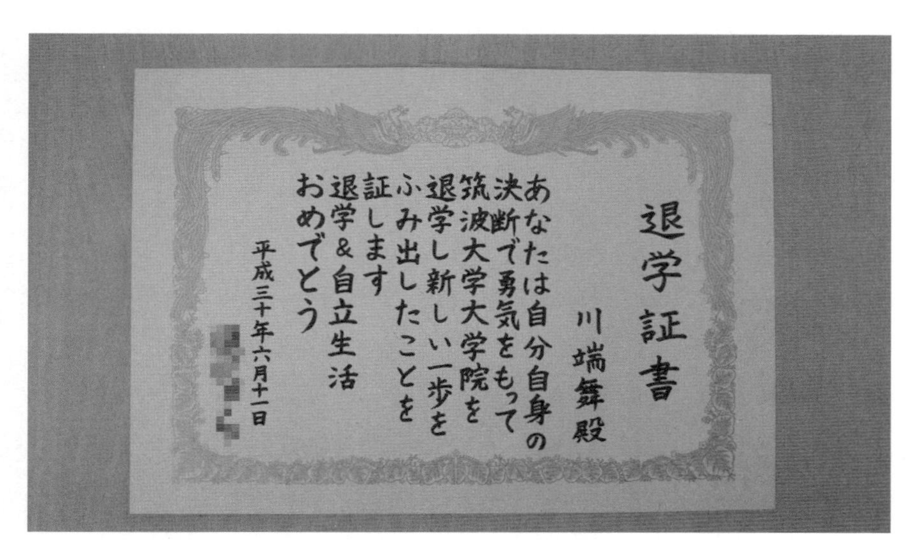

写真 2-5　自分の人生を模索し、大学院退学を自分で決断したことを祝福するために
自立生活センターから贈られた、手作りの「退学証書」

周囲から決められた人生を、周囲からの評価を気にしながら歩くより、自分が決めた人生を、自分が一緒にいたいと思う人たちとともに、自分の責任で歩く方が、断然楽しい。そのことに気づき、自分らしい人生を探すための大学・大学院時代だったと思います。

周囲から与えられた物差しで常に他人と比べられる能力主義の社会に居心地の悪さを感じるのは障害者だけではないはずです。そのような能力主義の社会を問い直し、誰もが生きやすい社会を作っていく力が、障害のある子とない子が一緒に育つインクルーシブ教育にはあることを学んだ私は、インクルーシブ教育の推進のために自分に何ができるのか今も模索中です。「頑張り屋さん」の裏で見捨てられ不安と闘ってきた子ども時代の経験を多くの人に伝えていくことも私の役割だと思っています。また、大学院を退学した2018年には、障害平等研修という研修を一般の方を対象に開催できる資格を取得しました。この研修は、障害という問題の原因は障害者自身にあるのではなく、障害者が生活しにくい社会の仕組みにあるという視点を参加者に持ってもらい、どうしたら障害者を含めた多様な人々が暮らしやすい社会にできるのかを、参加者と一緒に考えていくものです。この研修も子どもたちや教員に対してうまく活用しながら、障害児も含めた多様な子どもたちが、何かが「できる」「できない」で優劣をつけられるのではなく、お互いの違いを尊重できる環境で育っていけるように、私にできることを探し続けていきたいと思っています。普通学校で能力主義に苦しめられた私だからこそできることがあるはずだから。それが私なりの社会参加の形です。

TEA BREAK 

自立した娘へ

川端 奈津子（舞の母）

娘（川端　舞）は 1992 年 3 月に我が家待望の第 1 子として生まれました。出産時の AP（アプガースコア）[1] は 8 点でしたが、その後に頻発した無呼吸発作により「脳性まひ」の後遺症が残りました。入院中は 1 日 1 日が予断を許さない状況で「障がいが残っても引き受けるので助けてください」と神様に祈る日々でした。幸い 1 か月後に退院することができましたが、その後の運動発達の遅れは明らかで、生後 6 か月頃から群馬整肢療護園の PT（理学療法）外来に週 2 回通い始めました。1 歳の誕生日を迎える頃、音声言語の表出は不明瞭でしたが言語理解は定型発達の範囲でしたので「知的障がいはないかもしれない」と思いました。それから、もし重度の肢体不自由が残っても、親亡きあとに自立できるよう、多くの可能性を引き出してあげたいと願うようになりました。私は、常勤で仕事をしていたので娘は 1 歳から保育所に通いました。当時は、障がいのある子どもを受けいれる保育所は少数でしたが、幸い引き受けてくださる園と出会え良い環境に恵まれました。しかし、小学校就学への壁は私が想定していた以上に高いものでした。

私たちは、娘の将来の選択肢を広く担保しておきたかったことから、通常の学級で学ぶことと、肢体不自由による支援が必要な部分については介助員（現：特別支援教育支援員）の配置を要望しました。しかし、当時の市教育委員会ではそのような前例や予算がないことを理由に“養護学校(現:特別支援学校)「適」”の判断がなされました。現在は、重度の肢体不自由がある子どもであっても、就学時に家族の希望を優先して決定していますが、当時は重度の肢体不自由がある子どもは養護学校への就学が当たり前のことであり、通常学校就学を希望する場合は教育委員会の承認を得る必要がありました。幾度もの交渉を重ねたのち、12 月議会補正予算で介助員の配置が予算化され、「入学後の修学状況をみて養護学校への転校可能性もあり得る」として、市で初めての「介助員付の

1) 出生直後の新生児の状態を評価するスコアで、1 皮膚色、2 心拍数、3 刺激による反射、4 筋緊張、5 呼吸状態の 5 項目に対し 0 ～ 2 点のスコアをつけるものである。10 ～ 8 点は正常、7 ～ 4 点は軽症仮死、3 ～ 0 点は重症仮死と判定される。

通常学級在籍」を認めて頂きました。こうして地域の小学校に入学しましたが、学校生活は娘にとっても親にとっても決して楽なものではありませんでした。日々、障がいのない子どもの中で多様なジレンマと対峙する娘と、養護学校への転校をいつ提案されるかわからない不安を抱える私がいました。その不安から娘に「勉強を頑張らないと学校に居られなくなる」というプレッシャーを与えてしまったことは本当に申し訳ないことでした。実際、毎年 11 月頃に市教育委員会を経由して学校長から「次年度は養護学校が適当である」という文書が届き小学 3 年次まで続きました。しかし、2004 年学校教育法施行令改正により、小中学校において適切な教育を受けることができる特別の事情があると認める者については小中学校に就学する「認定就学制度」が制度化されました。また、この頃から障がいのある人々への教育や福祉の動きに加速度がつく一方で、ICT[2] 機器による支援も進んだように思います。2008 年には東京大学先端科学技術研究センター主催の "DO-IT Japan" プログラムにも参加させて頂き視野を広げることもできました。DO-IT Japan は、テクノロジー活用を主として、「自らのニーズに適した方法で学ぶこと」、「初等教育から中等教育や高等教育へ進学すること」、「希望するキャリアにつながる力を育てること」に関連するさまざまなプログラムの提供を、産学連携により、2007 年から実施されているプログラムです (https://doit-japan.org/about/)。そして、2007 年に特別支援教育がスタート、2014 年の障害者権利条約への批准、2016 年には障害者差別解消法施行など国内法の整備が進み、その内実の課題も多くありますが、20 年前より障がいのある子どもの就学（修学）についても柔軟な対応がなされるようになりました。しかし、今も昔も、通常なら喜ばしいことであろう新入学が、障がいのある子どもの親には不安や悩みの多いイベントであることに違いはありません。小中高と成長するなかで、親の判断で選択した方向がいつしか娘を苦しめる結果になってしまった側面もあり、子育ての難しさを今更ながら痛感しています。その一方で、成人した今は娘が自ら自分の道を選び、信念をもって前に進んでいる諸々の活動の様子を垣間見ると、これまでの互いの葛藤の日々があったから現在があるのだと思うこともあります。まだまだ、娘の人生は長いので（私はあまり長くありませんが）応援していきたいと考えています。

今回、このような執筆の機会を与えてくださった任先生に感謝を申し上げると同時に、10 年後、20 年後の障がい児者の教育・福祉がどのような景色になっているのかを楽しみに更なるご活躍をお祈りしています。

---

2) PC やタブレットなど情報通信技術の総称で、近年は障害のある児童生徒の教育を充実させるための活用が広がっている。

第3章

自分自身のことを、自分の言葉で伝える

庄田 亜季子

1993年生まれ。和歌山県出身。和歌山県御坊市在住。未熟児で生まれ、脳性まひ（痙直型四肢まひ）があります。3歳から11歳までは独歩で生活していました。11歳で二次障害（左股関節亜脱臼）を発症して以降、屋内ではつかまり歩きか四つ這いで移動しています。屋外では車いすを使用しています。小学生の頃から現在に至るまで、着替え、整容、入浴などの日常生活動作については自立しています。小学校から高等学校まで通常学校に在籍しました。小・中学校では特別支援学級に在籍し、特別支援学級の担任の先生に介助をして頂きながら、体育など一部の科目を特別支援学級で、他の科目を通常学級で学びました。高等学校では先生方や支援員の方に介助をして頂き、体育の授業では先生方や支援員の方の付き添いのもと学びました。高等学校卒業後は大学に進学し、卒業後の2016年4月より御坊市役所で勤務しています。

1．小学校入学前の様子

母の送迎で保育所に通いました。保育所の建物の中では補助具を使わずに歩き、屋外で遊ぶ時には歩行器を使用して歩いていましたが、転びやすくクラスメイトと同じ速度で移動することは難しい状態であり、鬼ごっこのような複数の人が一緒に行う遊びに参加したことはありませんでした。私に使える遊具はほとんどなかったため、外で遊ぶといっても何をすればよいのかわからず園庭の隅で座って過ごしていました。手先が不器用で、絵を描く、折り紙を折るなどの活動をする時もクラスメイトよりも時間がかかっていました。このような状況に気後れしていたため、クラスメイトの集団の中に自分から入ることは少なく、好きな活動をしてよいとされた時間のほとんどを一人で本を読んで過ごしていました。一人でいることを心細いと思ったことはなく、楽しんで過ごしていました。

1999年に年長児（6歳児）のクラスに入りました。この時のクラス担任の先生の指導がきっかけとなり保育所での過ごし方が変わっていきました。担任の先生は、屋外で三輪車を使って移動することを提案してくださいました。また、昼間本を読んで過ごしている時間に私が一人でできる身体のストレッチの方法を考え、それを私に教えながら、私のそばで一緒にストレッチをしてくださいました。夕方には、母が迎えに来る時間まで私と一緒に園庭へ出て身体を動かして遊んでくださいました。先生（介助をしてくれる人）が一緒にいれば園庭で遊ぶことができると知ったことにより、介助をしてくれる人と一緒にどのようなことをして遊びたいかをわずかながらイメージできるようになりました。担任の先生は、自力でできることを増やす以外にも、自分の望む活動を行うために自分から周囲の人に助けを求めたり、私が集団の中で活動したりするための指導もしてくださいました。当時、着替え・食事・トイレなどの保育所内で行う日常生活動作については基本的に自立していましたが、靴紐の結び方がわからず自分一人では結べない、着替えの際に時間をかけて指を動かしても服のボタンを留められないといったことがあり、先生やクラスメイトに手伝ってもらっていました。この様子を見た担任の先生は、できないことをすぐに人に手伝ってもらうのではなく、自力でできるようになるための方法を教えてほしいと伝えることや、手伝ってほしいと思うのであればどうしても自力でできないとわかったことのみお願いするよう繰り返し指導してくださいました。こうした指導の結果、少しずつ自力でできることが増えていきました。担任の先生は、クラス全員の子どもが参加する学校行事に私もスムーズに溶け込めるよう方法を考えてくださいました。例えば、運動会で組体操に参加した際には、クラスメイトと同じように身体を動かすことはできませんでしたが、笛を使って演目を変える合図を出す役割を担当しました。周囲の人と同じようにできないことがあっても、自分にできる役割を果たすことで同じ体験を共有することができると知ったことは、私にとってとても嬉しいことであり、自信になりました。運動会が終わった後、クラスメイトと一緒に活動する際に気後れすることが全くなくなったわけではありませんでしたが、少しずつ自分からクラスメイトに話しかけることができるようになっていきました。

同じ年に、新たな課題が明らかになりました。硬筆を習っていましたが、ひらがなを見本の通りに書き写すことができず見本と異なる形を書いたり、見本通りに書くにはどうすればよいかがわからず硬筆用紙を空欄の状態にしたりしていました。発達検査を受けたところ、視知覚認知障害[1)]があることがわかりました。私の両親は今

---

1) 視知覚認知障害とは、視力には問題がないにもかかわらず、見たものをうまく認知できない状態です。

後ひらがなの習得がスムーズに進まない可能性があると考えました。私自身は、なぜ見本通りに字を書くことができないのかという疑問を持ったものの、ひらがなを読むことはできていたため不便さは感じていませんでした。

保育所への通所と並行して、体の硬さや動きのぎこちなさを軽減するため理学療法（以下、PT）、作業療法（以下、OT）と、動作法[2)]に通っていました。当時は生活の中で不便を感じておらず自分に障害があるという自覚はなかったため、なぜ、何のためにこれらに通っているのかわかっていませんでした。しかし、自分はクラスメイトとは何かが違うという認識があり、母が欠かすことなく私をリハビリに連れて行く様子を見て、自分の身体の何かを変えなければならないのだと捉えていました。

2．小学校での様子

2000 年 4 月、保育所のクラスメイトと一緒に小学校に入学し、特別支援学級に在籍しました。卒業までの 6 年間、特別支援学級に在籍した児童は私のみであり、学校ではほとんどの時間を特別支援学級の担任の先生（以下、担任の先生）と一緒に過ごしました。小学校 1 年生の時の担任の先生は、屋外で遊ぶ時に私が少しでも興味を持った遊具は私に付き添いながらできる限り使わせてくださいまし

2) 動作法とは、脳性まひの子どもの動作不自由を改善するために開発された訓練技法です。体の緊張を緩めることにより、自分の体の動きに気づいたり、動作をコントロールしたりする力を育てることが目標とされてきました。その後、心と体の調和的な体験の支援方法として発展し、今日では脳性まひの方の動作改善はもちろんのこと、自閉症スペクトラムの児童や発達障害児への支援技法としても用いられています。

た。当時は歩行器を使って走れるようになっており、休憩時間に通常学級に在籍するクラスメイトと一緒に屋外で遊ぶことも増えました。私が走るスピードは速いとはいえませんでしたが、クラスメイトがスピードを落として走ってくれたりルールを工夫してくれたりしたことで鬼ごっこにも参加できるようになりました。学校行事も担任の先生に付き添って頂いたり、走る距離を短くするなどの工夫をしたりしたことで、可能なものは全てクラスメイトと一緒に参加できるようになっていました。

当時、ほとんどの授業を通常学級で受けており、担任の先生は必要に応じて私の補助をしながら教室の後ろでクラス全員のことを見守っていました。授業のスピードについていくことができ、入学後の課題になると予想されていたひらがなの学習もつまずくことなく進めることができました。文字の書き方を習得できた大きな理由は書き順を習ったことです。小学校に入学する以前は、ひらがなを見ると文字の線よりも線と線の間にできた空間に注意が向き、文字ではなくひとつの「形」として捉えていました。しかし授業を受けるうちに、私の場合、書く順序と線の方向を理解できれば目で見た「形」を見本と同じように再現して書きやすくなることに気づき、積極的に文字を書く練習をするようになりました。書き順を学ぶうえで、先生が実際にひらがなを書くところを見せて空書きの指導をしてくださったこと、その時使われていた教材に文字ごとに線を書く順番や線の方向を示した矢印が書かれていたことが大きな助けになりました。文字を見本通り書けるようになったため、私の両親は私の視知覚認知障害は治ったと捉えました。特別支援学級で授業を受けるのは体育と、図工で工作のように手指の細かい動作を必要とする場合のみでした。体育の授業では担任の先生に補助をして頂き、PT や OT の先生に教えて頂いたストレッチや動作法を行っていました。この頃の私は、授業に参加したり遊んだりする中でクラスメイトと同じようにできることが増え自然と共通の話題が増えたことにより、保育所にいた頃よりも集団の中で行われる会話に入れるようになっていました。他の人がどのように身体を動かしているのか実際に体験したことがないため、ぎこちない歩き方と歩行器を使うことは当たり前で普通のことだと捉えていました。手作業をする際には自力ではさみを使って紙を切ったりノートに字を書いたりすることはできており、上肢のまひはほとんどないと捉えていました。そのため、クラスメイトとは何かが違うという認識が少し薄くなる時がありました。自分に脳性まひという障害があることは知っていましたが、それによって周囲の人と自分の何がどのように違うのかはわからないままでした。クラスメイトになぜ身体が不自由なのかと尋ねられることがありましたが、どのように答えればよいかわからず言葉に詰まっていました。

身体が不自由であるという自覚が薄いために、何のためにリハビリと動作法に通っているのかわからなくなることも増えました。しかし、小学校入学前と同様、私をリハビリに連れていく母や体育の授業をしてくださる担任の先生の姿を見て、やはり自分の身体には変えなければならない何かがあり、これらを続けることでおそらく変わっていくのだと捉えていました。クラスメイトと別室で別の課題に取り組むことに心細さは感じておらず、担任の先生に見守って頂きながら自分のペースで授業を受けられることに安心した気持ちでいました。

2002年4月、3年生に進級し、初めて担任の先生が変わりました。さらに、音楽の授業で初めてリコーダーの演奏を習うようになりました。リコーダーの演奏をする際、穴を塞ごうとすると指が伸び切ったまま、うまく曲がらずスムーズに動かせなくなり、穴を正確に塞ぎ正しい音を出すことができませんでした。これをきっかけに、上肢にも障害があること、それによってクラスメイトと同じように行動できない場合があることを認識し始めました。しかし、当時はこの状況を他の人にどのような言葉で伝えればよいのかわからず、担任の先生を含めた周囲の人に自分から助けを求めることはありませんでした。音楽の授業を担当してくださった先生は、演奏の際に音を正確に出すことができるかどうかよりも、示された課題の音階とそれに合わせた指の運び方を正確に理解できているかどうかを評価してくださいましたが、私から何も伝えていなかったため、クラスメイトと同じような演奏ができるようになるための具体的な解決策は出てきませんでした。そのまま授業が続き、次第に音楽の授業以外の場面でも自分に障害があることをどのように捉えて行動すればよいかわからず混乱するようになり、休憩時間には外で遊ばずひとりで本を読んで過ごすようになりました。それまで続けていたリハビリもよい方向に変わっていると実感できたことがなかったと気づき、意欲を失い休みがちになりました。

2003 年 4 月、4 年生に進級し、1・2 年生の時の担任であった先生が再び担任を受け持ってくださいました。リコーダーの演奏について担任の先生に何を伝えればよいのかわからず「指をうまく動かせない」とのみ話しました。それを聞いた担任の先生は、演奏をする際に指で穴を塞いで補助してくださいました。クラスメイトと一緒に演奏することが難しい場合には特別支援学級で授業を受け、担任の先生に見て頂きながらゆっくりリコーダーを演奏していました。自分のペースで演奏の練習を続けるうちに、自分の手足の動きがなぜ、どのようにクラスメイトとは違うのか興味を持つようになり、身体を動かしてさまざまな活動をすることで何か答えが見つかるかもしれないと考え、学校では外で遊び自分から進んでリハビリに通うようになりました。担任の先生とリハビリの先生は私が興味を持ったことは可能な限り全てさせてくださいました。さまざまなことに取り組み、学校では浮き輪を使わずに一人で泳いだり、少しですが縄跳びができるようになったりしました。自分とクラスメイトの手足の動きの違いについて何かがわかったわけではなく、担任の先生に補助して頂く場面も多くありましたが、周囲の人に補助をしてもらいながら時間をかけて練習すれば自分にもできるようになることがあると捉えるようになりました。できることが増えた結果さらにクラスメイトとの共通の話題が増え、人と関わる時にも積極的になり、外で遊ぶ時にも徐々に自分からクラスメイトを誘うことができるようになりました。

この年、授業で先生が黒板に書いた立方体の図をその通りに書き写すことができず、立体図形を描くことが苦手であると自覚しました。黒板に描かれた図形が立方体であることと、自分が描いた図形と違うことはわかりましたが、見本の図形のどこを見て描き始めればよいのか、奥行きをどのように描けばよいのかわかりませんでした。当時は図形を描こうとするたび混乱してしまうことをどのような言葉で伝えればよいのかわからず、周囲の人には伝えませんでした。自分に視知覚認知障害があることを全く知らず、元々絵を描くことが苦手であったため、立体図形を描くのが苦手なのはそれと関連していると捉えていました。ひらがなの書き方を習ったときと同じように、立体図形も線を描く順番とその方向を理解できれば描けるようになるのではないかと考え、先生が黒板に図形を描いている最中のチョークの動きをよく見て自分で書き順を設定し、教科書に載っている立方体の図をなぞり書きして描き方を覚え、自力で描けるようになりました。小学校の授業で扱われた立体図形のほとんどは立方体であったため、この方法で授業のスピードについていくことができていました。

2004 年、5 年生に進級し、前の年と同じように可能な限りクラスメイトと一緒に授業を受けたり遊んだりしていました。しかし 2005 年 1 月末、歩く時に転びやすくなり、次第に左足に体重をかけたり左足を動かそうとしたりすると痛みが生じるようになり、1 か月後にはひとりで立つこともできなくなっていました。病院で診察を受けたところ、左足の股関節が亜脱臼の状態になっていることがわかりました。私は自分の身体に二次障害が生じる可能性があることを全く知らなかったため、この診断結果に驚きましたが、それまでの痛みやひとりで立てなくなった原因がわかったことに安心していました。

2005 年 4 月、6 年生に進級した頃には学校内では車いすを使用していました。前年までと同様可能な限り通常学級で授業を受け、担任の先生に介助して頂いて学校行事にも参加しました。外に出て遊ぶことは少なくなりましたが、クラスメイトが教室内で私と一緒にできる遊びを考えてくれ、集団に入って活動することができていました。2006 年 2 月に亜脱臼に対する処置手術を行い、術後のリハビリを行いました。

3．中学校での様子

2006 年 8 月末にリハビリを終えて退院し、2006 年 9 月、中学校 1 年生の 2 学期から学校に復帰して特別支援学級に在籍しました。退院後の生活では、亜脱臼の状態になる前より周囲の人による介助を必要とするようになりました。母は自宅内での歩行介助とリハビリへの付き添い、学校への送迎を担当していました。学校内では車いすを使っており、担任の先生は階段での移動介助と体育の授業を担当してくださいました。体育の授業では小学校で行っていた内容にロフストランドクラッチを使った歩行が加わりました。中学校で開設されていた部活動は運動部のみであったため、担任の先生の判断により、部活動の時間に体育の授業と同じ内容を行っていました。体育以外の授業は通常学級に在籍するクラスメイトと一緒に受けていました。学校に復帰した当初は授業の内容に関することを共通の話題にして自然と集団の中に入ることができましたが、次第にその話題だけでは会話を続けることが難しくなりました。土曜日と日曜日にはクラスメイトの部活動と私のリハビリの予定が重なることが多く、一緒に遊ぶ機会が減るにつれ共通の話題はさらに減っていきました。次第にクラスメイトの集団の中に入ることは少なくなり、休憩時間にはひとりで本を読んで過ごすようになりました。クラスメイトが何か手伝うことはないかと尋ねてくれることもありましたが、何をどのように伝えればよいのかわからず言葉に詰まっていました。そんな私の様子を見て戸惑うクラスメイトの表情を見るたびに、自分自身について話すことを苦手だと感じるようになっていました。

退院して半年が経ち、自宅での生活と学校生活に慣れてきた中学校2年生の春頃から、独歩ができなくなったことと共通の話題がなくなってしまったことにより、自分に障害があること、クラスメイトとは違う部分があることをはっきり自覚するようになりました。独歩で移動していた頃は、将来独歩ではなくなることを全く想定していなかったため、現状に混乱し、同じ小学校に通っていたクラスメイトになぜ独歩ではなく車いすを使っているのか、と尋ねられても何をどのように答えればよいかわからず言葉に詰まっていました。独歩ができなくてもリハビリを続けて自分にできることが増えればこの混乱はなくなるのではないかと考え、亜脱臼の状態になる前よりも積極的にリハビリに取り組むようになりました。また、各教科の学習内容の理解を深めようと努力することは、その時の私にとって唯一のクラスメイトとの共通項であり、リハビリ以外で自分にも取り組めることだと捉えていたため、これも積極的に取り組みました。

4．高等学校での様子

2009年4月から、高等学校で通常学級に在籍し、先生方や支援員の方に介助して頂きながら学校生活を送りました。高等学校での3年間は、中学校にいた頃以上にクラスメイトと自分の違いを自覚した時期でした。例えば、自力で作業する際にはクラスメイトよりもより多くの時間がかかっていることを自覚するようになりました。入学当初から着替えの際に制服のネクタイを自力で結べないことが度々あり、数学の授業ではさまざまな立体図形を扱うことが増えたためか、中学生の頃までのように書き順と線の方向を意識した方法で取り組んでも見本と同じように描けないことが増えていきました。この時には過去に視知覚認知障害と診断を受けたことは知っていましたが、今も自分にその障害があるという確証は得られないままでした。どちらの困難さも傍目にはわかりにくく、障害によるものなのか努力不足によるものなのか自分でもわからず「うまくできていない状況」をどのように周囲の人に説明すればよいかわかりませんでした。教科学習の時だけでなく、クラスメイトが何か手伝うことはないか私に尋ねてくれる時も、何をどのように伝えればよいかわからず言葉に詰まっていました。戸惑うクラスメイトの表情を見て、中学生の頃以上に自分について話すことを苦手だと感じるようになり、周囲の人と話そうとするたびに過度に緊張するようになりました。

中学生の頃から高等学校を卒業するまで、私の土曜日と日曜日の過ごし方は自宅にいるかリハビリに行くかのどちらかであり、出かけたい場所がある場合は、リハビリの帰りに立ち寄っていました。学校以外の場所では、ほぼ常に母と一緒にいたことになります。当時、土曜日と日曜日に行われるリハビリを欠かさず受けられるよう部活動には入っていませんでした。部活動の経験だけでなく同年代の友人と外に出かけて遊ぶ機会も多いとはいえなかったため、自然とクラスメイトとの共通の話題が減り会話に参加することが難しくなり、集団の中に入らなくなりました。

5．それまでの生活を振り返って気づいた課題

なぜ、自分が困っていることや手伝ってほしいことを知ってもらいたい時に、何から話せばよいかわからなくなるのか。クラスメイトとうまくコミュニケーションを取り、自分から集団の中に入っていくことができるようにするにはどうすればよいのか。クラスメイトと私に共通の話題がないこと以外にもっと根本的な課題があると思い、それまでの生活を振り返って考えました。それまで母や担任の先生に介助してもらうことに慣れていたため、自分に何ができて何ができないのか、どのように手伝ってもらえると助かるのか、何をする時に特に時間がかかるのかを正確に把握できていないことが、何から話せばよいかわからなくなる原因のひとつだと気がつきました。この時初めて、自分が困っていることや手伝ってもらいたいことを話し、相手に知ってもらうことができれば集団の中に入って活動しやすくなるのではないかと気がつきました。それまでの生活を振り返ると、私が出かける時にはいつも母が付き添っており、私が

何かに困り母以外の人に手伝ってもらいたい時、それを伝えていたのは私ではなく母でした。母が伝える内容は間違ってはいませんでしたが、それはあくまでも母が考えたことであり、私は、自分に必要なことは何かを考え、自分で選んだ言葉で話したことがないと気がついたのです。このままでは、母がいなければ本当に誰ともコミュニケーションを取れなくなってしまい、社会人になりさまざまな立場の方と一緒に働いていく時に必ず困る場面が出てくると危機感を抱きました。大学進学とともに母から離れ、障害があることを含めた自分自身のことや他の障害のある方がどのようにご自身のことを周囲に伝えているのかを知り、自分自身のことを他の人に伝える練習をする必要があると考え、特別支援教育や社会福祉について学ぶことができ、障害のある方が在籍している大学への進学を目指しました。

6．大学入学後、一人暮らしの様子

2012 年 4 月、県外の大学に入学し、大学の敷地内にある学生宿舎で一人暮らしを始めました。全ての家事を自力でやろうとすると体力的にも時間的にも生活を続けていくことが難しくなると判断し、1 週間に 2 ～ 3 回ヘルパーさんに家事援助をして頂きました。休日に時間がある場合は自力でできることとできないこと、作業にかかる時間を把握するため家事を自力で行うようにしていました。徐々にヘルパーさんにして援助して頂くことと自分で行うことを分けて考え、その場で判断して決められるようになりました。大学進学後それまで地元で継続していたリハビリに通うことが難しくなったため、体調管理のために大学の周辺でリハビリができる環境を整える必要がありました。大学近くの病院で PT を受けられることになり、ヘルパーさんに移動支援をお願いし病院への送迎と付き添いをして頂いていました。母と一緒に生活していた頃は車で移動していましたが、一人暮らしを始めてから、移動支援以外にも簡易電動車いす、電車、バス、タクシーと移動手段の選択肢が増え行動範囲を広げることができました。

7．さまざまな人と出会う中で学び、身についたこと

自分から周囲の人と話せるようになるきっかけを最初に与えてくれたのは、大学で出会った友人たちでした。友人の多くは専攻が同じであったため共通の話題があり、自然と会話ができるようになりました。次第に一緒に出かけることが増え、同じ体験を共有できたことでさらに会話が増えていきました。一緒に過ごしていると手伝ってほしいことを伝えたり手伝ってもらったりする場面が出てきましたが、友人の多くは障害がある人の支援に関心があったり、また障害がある人と関わった経験があったりと、私が手伝ってもらいたい部分を自然と察してくれることが何度もありました。友人が手伝ってくれたことで、自分が生活のどのような場面で困りどのように手伝ってもらうと助かるのか把握できるようになっていきました。私が、その時点で自覚している自分の障害のことや身体の動きの特徴について話しても驚いたり戸惑ったりしていない様子を見て、安心して自分のことを話すことができました。これを繰り返し経験するうちに、人とうまく話せず手伝ってもらいたいことをわかりやすく伝えられないかもしれないという不安を感じることが減り、少しずつ、手伝ってもらいたいことを伝えられるようになりました。友人に手伝ってもらう部分がありながらも自然に会話できるようになっ

たことは、私にとって何よりも嬉しいことでした。
大学入学当初、私は、授業を受けるにあたり自分がどのような配慮を必要としているか正確に把握できていませんでしたが、障害のある先輩方がこれまでどのような配慮を希望されてきたかを参考にしながら、授業を受ける過程で徐々に自分に必要な配慮を自覚できるようになっていきました。先輩方や同級生、後輩の皆さんが自分の障害のことや生活の中で困っていること、自力で工夫していること、他の人に手伝ってもらいたいことを話す様子は、私にとって、何をどのように伝えると相手にとってわかりやすいかを考える際のモデルになりました。時間はかかりましたが、少しずつ、自分の課題を整理して言葉で伝えられるようになりました。
私が大学で学ぶ中で目標にしていたことのひとつに、「自分の傍目ではわかりにくい困難さを周囲の人に伝えられるようになること」がありました。2013 年、大学 2 年次の時に受けた授業で肢体不自由のある子どもが抱える学習上の困難さのひとつとして、図形の見えにくさ・捉えにくさが取り上げられました。そこで私が高等学校卒業までに感じてきた立体図形を理解する際の困難さが授業を担当してくださった先生の説明と一致したことから、自分の脳性まひが脳室周囲白質軟化症によるものであり、視知覚認知障害があることを知りました。先生が図形の見えにくさ・捉えにくさの特徴について説明してくださったことにより、このような困難さを周囲の人にわかりやすく伝えるにはどのような言葉で表現すればいいかを具体的に知ることができました。翌年からその先生の研究室に所属し、さまざまなご指導を頂く中で、今までどのような言葉で表現すればよいかわからなかった困難さを徐々に説明できるようになっていきました。大学での 4 年間、母のいない環境で新しい人間関係を築き、自分の課題を自覚してそれを言葉で表現できるようになり、周囲の方に助けて頂きながら生活したことは、私にとって、社会人として働き生活していくための準備として本当に必要な体験だったと思っています。

8．大学で学んだことを生かして、就職活動へ

2014 年、大学 3 年次の頃には、大学卒業後どのような生活を送るかを考えるようになりました。この頃、地元に帰ってリハビリをした際に左足首の内反と股関節の内転の傾向が強まっていることを指摘されるようになりました。さらに、2015 年、大学 4 年次の春頃から、2 時間ほど同じ姿勢でいると頭痛や腰痛が起きることが増えました。これをきっかけに、大学卒業後にも毎日働く生活を続けていくためには、自分の体調の変化に注意を払い、働きながら身体のメンテナンスを続け、身体に痛みが生じたり硬くなったりすることを少しでも減らすことが必要だと考えるようになりました。地元で通っていた病院の先生や動作法の場で出会う先生方は私の身体のことをよく知ってくださっているため、先生方のもとで体調管理のための努力を続ければ、体調の変化に早く気づいて対処方法を考えられるのではないかと思い、地元で就職することを目指しました。行政職を志望したのは、業務を通じてさまざまな分野に触れ、それに取り組む方々に出会うことで自分の視野を広げることができると考えたためです。

2015 年の夏、就職に向けて自治体の採用試験を受験する前には、大学生活を送る中で自覚したことを踏まえて、ご指導くださった先生方や障害のある先輩方がおっしゃっていたことを思い出しながら、働く上で希望する環境と、自分の身体や動作の特徴、自分にできること、自力でできるように工夫していること、周りの方に手伝って

頂けるとありがたいこと、体調管理に関することを整理しました。実際の面接では整理したことを落ち着いて話すことができました。エレベーターと車いすに対応したトイレがある環境を希望していること、身体に無意識のうちに力が入り、筋肉が硬くなるためにひとつひとつの動作がゆっくりしていたり思うように動かせなかったりすること、ものにつかまれば立ったり歩いたりできることを伝えました。業務の中ではパソコン操作とデータ入力、電話の応対はできる一方、重い物や大きい物を持つことが難しく、紙をめくる、小銭を数えるなど、特に指先を使った手作業には他の人よりも３倍～５倍の時間がかかること、また、視知覚認知障害があることにより図表から必要なデータを読み取る時に、見たい箇所の隣の欄を見てしまったり段ずれしたりする場合があり、見たい箇所の枠線を太くしたりラインマーカーを引いたりして強調させることで捉えやすくしたり、見たい箇所に定規をあてることで段ずれを防いだりして対処をしている現状を伝えました。体調管理については、長時間同じ姿勢でいた場合に身体に痛みが出る場合があり、約２時間は同じ姿勢でいられるものの、痛みを軽減するために業務中に身体を動かす場合があることと、リハビリを目的とした入院や動作法キャンプへの参加を経験しており、就職後も業務に支障のない範囲で身体のメンテナンスを行いたいと考えていることを伝えました。面接では、大学生活を通じて学び身につけたことがそのまま生かされたと思っています。

9．就職後の生活と職場での様子

2016 年 4 月、就職と同時に、一人暮らしをしながら仕事と身体のメンテナンスを両立させる生活が始まりました。平日、仕事が終わってからは、ヘルパーさんに介助をお願いし自宅近くのプールで運動し、土曜日・日曜日には家族に付き添ってもらってリハビリに通うことになりました。家事はなるべく自力で行うようにしていますが、できていない部分は家族が私の自宅に来てくれた際に手伝ってもらえることになりました。

御坊市役所に入庁し、市役所の庁舎の中でも車いすに対応したトイレとエレベーターのある庁舎で業務を行えることになりました。上司をはじめとする同じ部署の方には職員採用試験の受験時に伝えたことと同じ内容を相談させて頂き、さまざまな場面で助けて頂きました。2年目からは実際の業務の場面を例に挙げながら自分が困っていることや周囲の方に助けて頂きたいことを話せるようになり、少しずつ、より具体的に表現できるようになっていきました。

入庁3年目を迎えた2018年4月、本庁舎にある部署へ異動しました。本庁舎には私が入庁した翌年に車いすに対応したトイレが作られており、トイレに到着するまでの通路や（写真3-1）トイレのあるスペースの狭さ（写真3-2）などの課題はあるものの、私も勤務することが可能な環境になっていました。異動する直前、私は自分の体調が入庁した直後とは違うことに気がつき始めました。それまでは、長時間同じ姿勢をとっていて身体に痛みが生じた場合立って身体を動かすことで解消していましたが、この方法だけでは痛みが治まらなくなり身体はさらに硬く動かしにくくなっていました。そこで、異動した直後に、毎日横になって身体を休める時間を頂けないか上司に相談しました。上司が許可をくださり同じ部署の職員の方にも知って頂いて、1日に2回、午前と午後に時間帯を決めて30分ずつ休憩させてもらえることになりました。どうしても身体が痛い場合は、予定した時間帯以外にも休憩させて頂く日もあります（写真3-3）。休憩時間を頂けたことで身体の痛みを感じることは少なくなり、少しずつ身体の硬さや動かしにくさ、足首の内反と股関節の内転を和らげることができています。自分の体調の変化を自覚し言葉で説明できるようになることの大切さを再確認するとともに、相談できる環境であることがありがたいと改めて思いました。

写真 3-1 トイレに向かう通路

写真 3-2　トイレの様子

写真 3-3　休憩時に使っている部屋

これまではExcelを使用する際、図表から必要な数値を読み取ることのみに困難さがあると捉えてきましたが、2018年の秋には、図表にデータを入力する際にも誤って他の欄に入力していたりセルが重なって見えたりすることがありました。これまで自覚していなかったため驚くとともに、傍目にはわかりにくいことであるため、これを周囲の方にうまく伝えられるかどうか不安でした。まず表を見やすくするために自分で工夫できることを考え試してみました。その後、幼少の頃からお世話になっている特別支援教育を専門とする先生方に相談したところ、横幅の広いディスプレイを使うことでカーソルの位置を確認しやすくなり、入力ミスを防げるのではないかと助言を頂きました。このことを上司に相談したところ、横幅の広いディスプレイを購入して配置することを提案してくださり（写真3-4)、この件に関わる他部署の方にも事情を説明してくださいました。上司をはじめとする周囲の方々が私の話を聞き、解決策を一緒に考えて導いてくださったことに、ありがたい気持ちでいっぱいになりました。横幅の広いディスプレイを使うようになってから、以前より業務をスムーズに進められるようになりました。困っていることや周囲の方に助けてもらいたいと思っていることをありのままに伝えることは、業務を確実に進めそれを継続していくために必要なことだと実感しました。

写真 3-4　ディスプレイを見ながら作業している様子

子どもの頃から集団に入って活動できなかった自分が、今、職場で役割を頂いて勤められていることに、驚きと嬉しさを感じています。上司をはじめとする周囲の方々が理解を示してくださっているおかげだと思っています。長い間自分のことを話すのが苦手だった私にとって、困っていることや手伝ってもらいたいことを伝えるのはとても勇気のいることでした。長い時間をかけて、多くの方々のおかげで少しずつ自分が思っていることを言葉にできるようになり、今の生活があります。伝え方を考えるときには私の話を聞いてくださる方のことを思い浮かべて、どんな言葉を使うかを決めます。わかりやすく伝えられるか悩むことも伝えた後の反省点もありますが、そんな時にはいつも、これまで私と関わってくださった多くの方々のことを思い出して励みにしています。

10. これまでの生活を振り返って感じることと、今後の目標について

これまでの生活を振り返るとき、学校生活の中で体験したことを真っ先に思い出します。担任の先生方は、どんな活動であっても私にできることに目を向けて指導してくださいました。私自身も自分にできることを探して取り組む姿勢を身につけることができたと感じています。一方で、高等学校を卒業するまでに解決できなかった課題もありました。視知覚認知障害があることによって教科学習の際にどのような困難さが生じるか、私の両親も私自身も担任の先生方も具体的に把握していませんでした。もし学校の授業での困難さを軽減するための手立てを見つけることができていれば、学習する内容をより理解できた可能性があると感じています。今後、現職の先生方を対象とした研修や大学の教員養成課程の授業において、視知覚認知障害によって生じる困難さとそれを軽減するための方法がより詳しく取り上げられることを願っています。そして、困難さへの理解を深め、学習を進めやすくするための工夫を子どもと一緒に考えてくださる先生が増えることを願っています。

現在は、周囲の方の助けを得て仕事と身体のメンテナンスを両立

させる生活を続けることができています。今後も現在の生活スタイルを維持して御坊市役所で勤め続けることを目標にしています。現在担当している業務の経験を積み、できることが増えるよう努力していきたいと思っています。

写真 3-5　職場の皆さんとの集合写真

TEA BREAK ④

自分を伝えることの大切さ

木暮 奈央

私は、顔面肩甲上腕型筋ジストロフィーという進行性の病気による身体障害を持っています。現在は、坂道や足元が不安定な場所を歩くことや、長い距離を歩くこと、転倒時に補助なしで立ち上がることが困難であり、転倒の恐れも多いため、杖と車椅子を併用して生活しています。

本稿では、2018 年 1 月の韓国研修（群馬大学海外研修プログラム）参加を契機に考えたことを紹介したいです。研修参加が決まった頃は、自分の車椅子は持っておらず、杖だけを使っていました。実は、車椅子使用に対する抵抗感も少しありました。しかし、杖を使って歩行する状態で研修に参加することは、駅や空港内の移動、乗り物内での立ち座りの動作、研修中の移動距離を考えると、かなり難しいと判断しました。そのため、車椅子レンタルというサービスを利用することにしました。調べてみると、車椅子レンタルを行っている団体や会社が多くあることが分かりました。その中から、会社を 1 つ選び、電動車椅子をレンタルすることにしました。

研修に行くまで、初めて電動車椅子を使って出かけたときは、自分でできることの多さに驚きました。私の場合、杖では歩行スピードの調節や方向転換をスムーズにすること難しいため、一緒に行動する人に合わせたり、混雑する場所で人を避けて歩いたりすることができませんでした。それらのことが電動車椅子に乗ることによってできるようになり、行動範囲がかなり広がったように思いました。病気が進行する前や、車椅子を使ったことがない時期の私は、「車椅子を使っている人は杖や補助なしで歩いている人よりも、行ける場所やできることが少ないだろう」と考えていましたが、実際に使ってみることによって、必ずしもそうではないことが分かりました。無理をして歩いて怪我や失敗をするよりも、安全のために適切な補助器具、車椅子などを場所に応じて利用することで、自分自身も周りも助かることに気付きました。進行性の病気を持っており、当時の私のように車椅子使用に対する抵抗感がある人がいれば、私の経験を共有してあげたいです。

また、自分の説明をもとに準備をしていただく機会と、自分がどのように行動するかを事前に考える機会が多くありました。例えば、飛行機を予約する時には、車椅子を使うこと（車椅子のサイズや、電動の場合はバッテリーの種類など）や必要な配慮などを事前に航空会社に伝えます。当日の日程からどのように行動するかを何度もイメージして、どのような配慮が必要か考えました。特に、必要な配慮は詳しく伝えなければ、私だけではなく周りの人も困ってしまうため、慎重に考えて伝えようとしました。この経験により、自分ができること、逆にできないことを詳しく把握し、それらを分かりやすく周りに伝えることの重要性を学ぶことができました。障害や病気を持っている人は、場合によっては過保護になりがちで、結果的に「自分を伝えること」が苦手になることがあります。韓国研修は、私を支えてくれる家族等から離れ、自分と向き合うことができたと思います。

研修後、一人で何かを計画して実行することと電動車椅子を使って生活することに自信を持つようになったので、すぐに就職活動を始め、県内・外にかかわらず一人で積極的に行きました。先方の会社には、自分の体の状態を正しく伝えたうえ、自分ができることとできないことを説明し、事前に配慮を依頼することができました。この頃、他者にお願い（依頼）する恥ずかしさもほとんどなくなっていたと思います。先方の会社とは、お互いに理解し納得できるまで話し合いの場を何度も設けていただき、無事に就職することが決まりました。現在、楽しく仕事をしながら、余暇活動も充実にしています。

私は、韓国研修をはじめ、大学生活 4 年間、自分自身をしっかり把握したうえ、自分を伝えることを身に付けたことが大きな成果だと思います。

TEA BREAK 

肢体不自由学生が教員免許状を取得するプロセスと今後への期待

山森 一希

1．教員免許状を取得するプロセス

私は、肢体不自由（脳性まひ）があるため、車いすを使用して日常生活を送っています。ここでは、私が教員養成系大学で小学校・特別支援学校の教員免許状を取得した際の経験をもとに、肢体不自由学生が教員免許状を取得するプロセスと合理的配慮などについて紹介します。

教員免許状を取得するためには、講義形式、実技形式、教育実習で行われる授業で単位を履修する必要があります。まず、講義形式では、高校までの授業と似たような形式で行われ、車いすで使用しやすい机の設置、受講しやすい座席を固定するなどの配慮を受けました。試験には、他の学生よりも書字に時間がかかるため、時間延長の配慮を受けました。次に、小学校の教員免許状を取得するためには、体育や家庭科などの実技を伴う教科指導法に関する授業を履修する必要があります。私は、実技を他の学生と同様に行うことは難しいため、実技の代わりに、授業を受けて指導法に関する代替レポートを作成・提出する配慮を受けました。最後に、教育実習があります。肢体不自由学生の教育実習に関する実践記録や研究論文が少なく、肢体不自由学生の道しるべとなり得る文献が不足している現状があります。私の教育実習に関する合理的配慮や教育実習準備プロセスについては、平賀・池谷・山森（2019）でまとめたので、関心のある方はご参照ください。

2．今後への期待

現在、障害のある教員の採用と配置は、障害のない児童生徒の障害理解や障害のある児童生徒のロールモデルとなることから期待され、併せて働くために必要な支援等を行うことが求められています。また、大学に進学する肢体不自由学生への支援は、少しずつですが充実してきています。肢体不自由学生の教員免許取得を考える際には、授業や教育実習などの修学上必要となる支援だけではなく、通学やトイレ・食事等の介助といった生活面での支援が必要になります。これまで通学やトイレ介助などにヘルパーを使うこと

は難しかったですが、近年ではヘルパーを使うことができるようになりつつあります。これは、肢体不自由学生の大学進学や教員免許状の取得を考える上で非常に重要であり、今後の実践が期待されます。

一方、教員免許状を取得したのちの教員採用試験の応募資格については、今まで「独力で勤務・通勤できること」といった条項を設けている地域が多く、介助を要する重度の肢体不自由者は応募することができませんでした。しかし、近年、この条項が差別であるという認識が社会に広がり、条項を無くしている地域が増えています。さらに、私は、重度の肢体不自由のある教員がヘルパーの支援を受けながら教職に就くことも、今後の社会を考えると非常に望ましいと期待してます。

このように障害学生支援や教員採用試験については、さまざまな配慮が整備されつつあります。肢体不自由のある教員の数が増えるためには、教員や研究者が肢体不自由学生の教育実習や肢体不自由のある教員の教職生活などに関する実践記録と研究論文を整理・発信し、肢体不自由者の視点で大学進学から教職に就くまでのプロセスについて把握できるようにするとともに、社会の理解を高めていくことが求められます。

私は、先行事例が少ない中で、「子どもたちの経験や選択肢を広げられるような存在になりたい」と思い、教員を志しました。進学先を検討する時も、実際に大学へ進学した際も、非常に不安が大きかったことを覚えています。しかしながら、必要な支援を受けながら過ごす大学生活は非常に充実したものでした。今後、さらに制度整備と社会の理解が進められ、障害の程度にかかわらず、肢体不自由学生が教員免許状を取得し、学校現場で一人の教員として活躍することを期待しています。

▶ 引用文献

平賀健太郎・池谷航介・山森一希（2019）肢体不自由学生の教育実習参加に関する実践報告．高等教育と障害 , 1(1), 24-33.

第4章

生い立ち

宮内 康裕

私は、1977年に栃木県足利市で生まれました。出生時、仮死状態だったため脳性小児まひという全身性障害になり、食事、入浴、排せつなど全介助を受けています。群馬県立あさひ養護学校を卒業し、現在、群馬県前橋市でヘルパーサービスを受けて一人暮らしをしています。パソコンを使った仕事をしたり、リハビリを受けに行ったり、障害者スポーツをしたりしながら楽しい生活を送っています。私には宝物があります。それは家族と友人です。私を支えてくれた彼らがいたため、今の私がいると思います。そこでお世話になった方々に何か恩返しができないかと思っていましたが思い当たらず、せめて保育園から現在に至るまでお世話になったことを文章にまとめた、私の感謝の気持ちを読んでいただければと思います。

1．保育園生活

私の通っていた保育園は山懐に抱かれており日本庭園が周りを囲み、春は梅に続いて桜、秋は真っ赤なもみじというようにとても環境の良いのんびりとした心の和む保育園です。保育園で行われるさまざまな行事の度に、私の体が不自由にもかかわらず、保母さんや友人のさりげない手助けのお陰で障害を意識せずに参加することができました。この保育園は江戸時代から続く屋敷内に建てられているので至る所に段差があるのですが、保母さんの手が離せない時には友達が抱えて連れて行ってくれました。多少恐怖感はあったのですが子供心に厚意を無にしてはいけないという気持ちがあり、やってもらっていたのだと思います。

2．小学校生活

地元の保育園でごく当たり前の生活を送っていた私は、小学校もまたみんなと一緒に通えるものだと思っていました。しかし、現実は私の予想もつかない大きな障壁が待ち受けていました。当時は、1979 年に養護学校教育の義務化 [1)] の政令が施行され、肢体不自由児の就学率は格段に上がりましたが、重度の肢体不自由児の場合、地元の小学校への就学を希望しても教育委員会から養護学校（現・特別支援学校）への就学指導が行われたのです。そのため、私の両親は、1982 年 10 月頃から私を地元の小学校へ入学させるための努力を始

1) 養護学校教育の義務化とは、肢体不自由、知的障害、病弱のある児童生徒に対し、養護学校への就学を義務化したことで、戦後間もなく実施された小・中学校及び盲・ろう学校の義務化に比べ、30 数年も遅れたことです。

めました。詳しいことは覚えていませんが、教育委員会の人が家に来ていたことをおぼろげにも覚えています。当時、保育園の関係者、同級生と下級生のお母さんなどが私が地元の学校へ入学できるように署名活動をしてくれました。しかし、教育委員会をはじめ、地域と対立することは避けたかったため、それ以上の過激な活動までは展開されませんでした。私のために頑張ってくれた方々には、今でも心から感謝しています。

1983 年 3 月 31 日、今の私が聞いても腹が立つような結論が出ました。それは、「籍は地域の養護学校の訪問部に置き、1 週間に 1 回、1 時間だけ地元の小学校へ通える。」ということでした。入学後の様子を見て地元の小学校への登校を増やして行くか否かを判断するということでした。母は、幼い私をがっかりさせないために、「みんなと一緒の学校へたった 1 回でも通えるようになったことは大変嬉しいことなのだ。」と説明してくれたので、私は落ち込まず自然に喜べたのだと思います。

小学校が始まると、訪問の先生の付き添いで毎週楽しみにしながら地元の小学校へ通いました。小学校へ行くと、週に 1 回しか通っていなくても、大勢の友達が歓迎してくれました。そして、私の家に友達が毎日、入れ替わり立ち替わり遊びに来て、庭に造った砂場で水と砂で泥まみれになりながら遊んだり、家の中でレスリングをしたりしました。

勉強の方は何しろ、小学校へは週 1 回 1 時間、訪問教育[2)]も週 2 回 2 時間ずつでしたので、母がそれだけでは勉強が遅れてしまうと心配し、保育園の時の先生をはじめとする周囲の方々に相談しました。そ

---

2) 訪問教育とは、さまざまな事情（主に、重度・重複障害）により、通常学校や特別支援学校へ通学して教育を受けることが困難な児童生徒を対象として、教員が家庭・病院・施設等へ訪問して教育することをいいます。

の結果、訪問教育に加え、籍のある養護学校の院内学級で週２日、３時間ずつ授業をしてもらえることになりました。また、残りの日は母と母方の祖母（元小学校教師）が、小学校と同じ授業時間となるように勉強を見てくれました。それは毎日の習慣になりました。

写真 4-1　訪問教育の様子

３年生になると、これまでとは全然違う状況となりました。今までは地元の小学校に１週間に１回、１時間だけ通えるということでしたが、母が交渉し、小学校に行く時間を複数日、合計４科目くらいに増やしてもらうことができました。いろいろな行事にも参加できるようになったのもこの頃からです。学習発表会では「猿カニ合戦」をやりました。私はカニ役の中の一人で「もう、悪いことはしないな。」という、たった一言の台詞だったのですが、今でもとても印象に残っています。なぜなら、初めて小学校の学習発表会に参加した劇だったからです。私には、脳性まひによる言語障害があるため、大勢の前でしゃべろうとすると緊張が強くなり、普段よりもしゃべりにくくなります。普段から小さい声が緊張で固くなると声を出しづらくなってしまいます。友達は、私が緊張のあまり、台詞を話すのが遅くなってしまうにもかかわらず、言い終わるまで待ってくれました。カーテンの陰からステージに行く時には、友達が私の座っている椅子を押して移動を手伝ってくれました。そのように、友達の手伝いを受けてステージに立つことができました。劇が終わった後に、みんなに台詞が聞こえたかどうか聞いたところ、よく聞こえたと言われ、練習の成果が発揮できてよかったと思いました。

4年生になると音楽の授業にも出られるようになりました。4年生の時の先生は、リコーダーを演奏することができない私に対して「特別なこと（リコーダーの演奏など）はできないけれども、音楽を一緒に楽しめるのならどうぞ」と言って参加させてくれました。一方で、5年生になると音楽の先生が替わり、楽器を使うことを理由で、授業に出られなくなってしまいました。4年生の音楽の授業は出席できたのに対し、なぜ5年生の音楽の授業は出席できなかったのかを考えてみると、理由は教師の理解の違いだと思います。今考えるとそのようなことは日常茶飯事でした。先生の理解の違いで参加の可否が大きく左右されてしまうということが、非常に残念に思えて仕方がありません。今後、障害への理解が高い先生が増え、重度の肢体不自由があっても楽しく参加できる授業や行事が多くなることを期待しています。

波乱に富んだ小学校生活が終わりを告げようとしていたときのことです。小学校の卒業文集に私の名前や文章を載せてもらいました。また、卒業式にも参加させてもらいました。もちろん、卒業証書はもらえませんでしたが、今でも深く心の中に焼き付いている程、素晴らしい卒業式でした。小学校の入学段階から苦しい思い出があり、先生の理解の違いによって対応が異なる場合も多くありましたが、段々と他の児童と同じように接してくれる先生が増え、そのお陰で「苦しい」よりも「楽しい」思い出が多いです。もちろん、そのような楽しい思い出の背景には、母の並々ならぬ努力があったことを忘れてはならないと思います。

3．中学校進学

中学校に入るための準備は、6年生の3学期から始めました。小学校と同様に中学校への道は遠く、母も意気消沈していました。保育園の時からお世話になっていた上級生のお母さんから「絶対に普通学校の籍を勝ち取ろう」との励ましをいただき、中学校のPTA会長に話を通して、学校側と話し合いをもつことになりました。数回の話し合いを行い、特殊学級（現・特別支援学級）に籍を置いて、通常学級の授業を受ける条件で、地元の中学校に通えることに決まりました。母はその条件が納得できませんでしたが、学校側の「体育や技術家庭科などの実技教科をこなすことが困難であるため、通常学級にいたのではカリキュラムを全部消化することができない。しかし、特殊学級に入っていれば受けなくても差し支えない。」という説明を受け、やむを得ず承諾することになりました。私も、地元の中学校へ通えるようになったことを聞いた時、養護学校ではなく、みんなと同じクラスで一緒に勉強するようになると思い、大変嬉しかったのですが、それは入学式まででした。

入学式当日、真新しい制服を着て、期待と不安が入り混じる中、体育館へと足を運びました。それぞれクラス順に並び、私も所属するクラスに並びました。その時は何とも言いようのない爽快な気持ちになりました。さらに、一人ずつ名前が呼ばれ、私の名前も呼ばれた瞬間、改めて「この学校の生徒になれたんだ。」という喜びを噛み締めていました。入学式も無事に終わり、教室に移動して、もう少しで学級活動が始まろうとしていた時、悲劇は起こりました。特殊学級の先生が迎えに来たのです。小学校の時のようなお客様としてではなく、○○中学校の△組の中の私という、クラスの一員になった気がしていたのに、一気にその気持ちは打ち砕かれ屈辱的な思いへと変わりました。

特殊学級の教室は、通常学級の教室から離れたところにありました。すっかり気落ちしながらその教室に入った私に元気を取り戻してくれたのは、馴染みのある顔でした。彼は、小学校５年生の頃、親友が家に連れてきたことがきっかけで仲良くなった友人でした。今考えてみると、彼がいなかったら学校がいやで登校拒否になっていたかもしれません。

4．中学校生活

授業が始まると大変な毎日になりました。中学校の校舎は二棟あり、特殊学級の教室は２階、私の所属していた通常学級の教室は他の棟の１階にあったのです。移動に困難を抱えている私には最悪の環境です。私は、その中学校のみの問題だとは思いません。今は、だれもが「それは差別だよ！！」という程度の環境ですが、当時は、障害や障害者に対する社会の理解が全般的に低くて、そのような非常識的なことが行われていたのだと思います。私が経験した教室配置などは、今では、障害差別解消法を言わなくても、常識として考慮してくれる、当たり前のような「配慮」なのだと信じています。

私の教室の移動は両親の負担になりました。毎日、母が私を抱えながら上ったり下りたりを繰り返していました。今考えてみても本当に申し訳ないことです。時代の影響を受け、途中から父の会社が週５日制になったので、土曜日は父に付いていってもらうことができましたが、母の負担が大きく軽くなったとは言えない状況でした。

ある日、理科の時間でした。教室で行う予定であった授業が、急に戸外で行われることになりました。母が先生に、私を戸外に連れ出すのを友達にお願いするよう頼むと、先生は、怪訝そうな表情で「ええっ！運ぶのですか。」と言って渋々、友達に手伝うように指示しました。当時は分かりませんでしたが、校長先生から先生たちに「手伝わなくても良い」ということが頻繁に言われていたそうです。もちろん、移動時に階段等で事故が発生すれば、校長先生自身が困ることを心配していたのかもしれません。今も学校現場では、安全事故を予防することを理由に多くの先生がなかなか手伝わないと聞いています。障害があることは必然的にさまざまな面で手伝いが必要であり、そのような部分についても柔軟に対応してくれる先生たちが増えてほしいです。また、学校や教育委員会が責任を持って支援する体制を構築して、教師個人の負担や責任を軽くしてあげることも大事です。

もちろん、私と母が困っているところを見て、校長先生の勧告があるのにもかかわらず手伝ってくれた先生も少なくありませんでした。小学校の時と同じようにだんだんと私のことを理解してくれる先生が増えていったのです。１年生の時の担任は細身の女性でしたが、朝礼が終わった後、外まで抱き上げて連れ出してくれたことは、今でも強烈な印象として心に焼き付いています。校長先生の勧告があったためなのか、重度の肢体不自由児に接した経験が少ないためなのか、その理由までは分かりませんが、私に警戒心を持っているように見えた先生たちともだんだんと仲良くなりました。「今度のテスト頑張れよ！」などさり気ない励ましの言葉をかけてくれた先生、授業場所の移動時に私を抱えて階段を移動してくれた先生、そのほかにも数えられないほどの出来事がありました。また、私のことを理解して手伝ってくれた生徒もいました。たとえば、母が私の専用の椅子と机を運んでいると、こちらから頼まなくても手伝ってくれる生徒（先輩）もいました。教室内では､ノートを取ってくれるなど、さまざまな面で手伝ってくれる生徒たちがいました。そのような手伝いが自然に行われる社会がより望ましいのではないでしょうか。

特殊学級は、主に音楽や美術を受けました。また、通常学級で技術家庭・体育・美術・音楽が行われる時には、私は特殊学級に戻り、宿題やテスト勉強をしました。体育は、肢体不自由を理由で特殊学級でも参加することができませんでした。通常学級の体育の授業を見学することはできました。実技の授業は免除や見学になりましたが、今考えてみると、私もできることがあったのではないか、と思います。肢体不自由があれば実技の授業に参加できないという偏見や先入観があるようですが、それは偏見や先入観に過ぎないものだと気づいてほしいです。

5．養護学校への転校

中学校２年生の後半、高校進学の話が出てきた時、私自身はもちろんこれまでと同様に通常高校へ入るつもりでしたが、母から、「親の体力はこれからどんどん衰えて行きあなたは大きくなるばかり。しかも、通常高校には階段が多くて、とてももう３年間付き添って行く自信が無い。」と告げられ、養護学校高等部に行くことを決めました。

私は、栃木県足利市に居住していたので、栃木県にある肢体不自由養護学校よりも、群馬県の肢体不自由養護学校（現・群馬県立あさひ特別支援学校）の方が行きやすい状況でした。今でも肢体不自由児を対象とする特別支援学校は少ないため、私のような状況の児童生徒が少なくないと思います。そこで群馬県の養護学校に問い合わせたところ、「県外からの受検はできない。入学したければ群馬県の住人になるしか方法がなく、さらに受検の直前になってから移したのでは受けられない。」という返答を受けました。そのため、急遽、桐生市民になり、4 月から群馬県の養護学校中学部 3 年生になりました。

1991 年 4 月、あっという間に中学 3 年の始業式の日がやってきました。養護学校に到着してまず目に飛び込んできたのが、年季の入った校舎で、廊下が迷路のように複雑に入り組んでいて、「ずいぶんと変わった造りの学校だな。」というのが第一印象でした。今の校舎は立派な建物になっていますが、当時はそうではありませんでした。当時の学校には、体育館が無く合同教室（通常学級の教室二倍程度）を用いて始業式を行いました。私は、その理由を簡単に説明しにくいですが、挫折感と失望感に駆られました。

6．養護学校中学部生活

転校から数か月後、さまざまな楽しさを体験しました。その中で一番は電動車椅子の購入です。一人で移動しにくい私が、電動車椅子に乗って自由に動き回れるようになり、ある意味では大きな自由と解放感を感じていたと覚えています。

次は、通常学校では免除や見学ばかりであった体育の授業に参加できることでした。その時に、私は「肢体不自由があっても体育ってできるものなんだ」と思いました。また、そのように体を活発に動かせるチャンスが増え、健康的にも非常に良い影響がありました。私は、肢体不自由があればより体育の授業が大事であり、体育をどのように活かしていくのかが、児童生徒の体の維持と管理に大きな影響を及ぼすと思います。

もちろん、嫌なこともありました。私のクラスは、生徒３名に先生２人が配置されており、あと１年で定年を迎える男の先生と、はきはきとした女の先生でした。私は、電動車椅子の高さに合う机がなかったため、男の先生に、授業の始まりに木の椅子に移乗し、終わると電動車椅子に戻してもらう生活をしていました。ある日、男の先生が私に「毎時間の電動車椅子と木の椅子の移乗をしていると、あまりにも大変なので、君に限って学校で電動車椅子に乗ることは教員会議で禁止することになった。」と話しました。頭をおもいきりハンマーで殴られたような感じでした。すっかり落ちこんでしまい、女の先生にその話をしたら、びっくりした様子で「誰がそんなことを言ったの？全然そんな話出てないから、心配しなくて大丈夫だよ。」と安心させてくれました。年配の男の先生には、私の移乗の手伝いが大変だったかもしれません。でも、中学部３年生の生徒にそのような嘘をつくことは非常識的なことです。今は、障害や障害者に対する認識が大きく変わってきたため、そのような先生はほとんどいないと思いますが、もし児童生徒の手伝いが本当に大変だと思う先生がいれば、嘘をつくよりも率直に大変さを説明して一緒に考えるほうがよりよい方法ではないでしょうか。今考えてみても、当時のショックは忘れられない嫌な気持ちの経験でトラウマに近いからです。

7．養護学校高等部生活

私は、体育の時間が楽しかったです。普段は、障害の程度（軽・重）

によってグループ分けをしていましたが、ゴロバレーボール[3]などをする時には障害の程度に関わらず合同で行なっていました。軽度の生徒は手が効くため勢いのあるボールが飛び交います。一方で、手足の緊張が強い私は、思う通りのボールコントロールが難しく、ボールを受け止めようする時に体全体を使って頑張りました。その結果、体のあちこちに生傷が絶えませんでした。そのように私が真剣になった理由は、障害の程度に関わらず、生徒全員が同じ立場でそれぞれが持っている力を出し切っていたからだと思います。

今考えてみると、この頃から「自立」への関心が始まったと思います。その時のエピソードを紹介します。夏休みのある日、地元の小中学校の時の親友が車で 15 分くらい（6 ～ 7km）にある店へ買い物に行かないかと誘ってくれました。彼は自転車、私は電動車椅子で行くことになりました。私の電動車椅子は時速 4.5km までだったので、相当時間が掛かることは予想していました。そんなに遠くまで電動車椅子で出かけるのは初めてであったため、胸がワクワクしている反面、不安な気持ちもありました。親友は、移動のスピードの差を考慮し、小説を持って出発しました。彼は、自転車で私より先に進んで、道端に止まり、小説を読みながら私を待ってくれました。私が追い越すと、後ろから追い抜いていくという方法で目的地へと向かいました。2 時間程掛かってやっと着いた時に味わったことのない充実感がこみ上げてきました。だれかに手伝ってもらうことなく、自分の手で電動車椅子を操作していったため、その感激は計り知れない程大きなものでした。その後も、約 6 ～ 7km 離れた

---

3) ゴロバレーボールとは、基本的に座ったり、車椅子に乗ったりしてプレーできる障害者スポーツのひとつです。ボールは浮かせないようにネットの下を通さなければいけません。3 打以内で返さなければいけない点は通常のバレーボールと同じです。

場所に何回も一緒に行きました。親友も決して同情や私を訓練させようという気持ちではなく、私と一緒に楽しみたいという純粋な気持ちだったと思っています。その経験は自分に大変な自信を与えてくれて、その後の生活に重要な影響をもたらすようになりました。

数か月後、親友のお陰で３～４㎞くらいの場所には一人で買い物に出かけるようになりました。ある程度運転にも自信がつき、電動車椅子のバッテリーも意外ともつものだということが分かった頃、学校までも一人で行けるのではないかと思いました。両親に相談したところ、すぐに猛反対を受けましたが、30分後、母から許しが出ました。私の提案は両親にとって心配と不安だらけのことでしたが、私の意見と希望を尊重してくれた結果だと思います。翌日から始めた電動車椅子による通学は、私の「自立」にとって大きな契機になりました。私は、重度の肢体不自由者が一人で何かをする時に家族の理解を得ることが非常に難しいと思います。それを考えると、私は運がよかったです。

そんなある日、友達が「お母さんが後ろからついてきたんだろ？」と聞いてきました。最初は可笑しいことを言っているなと思っていましたが、そのようなことを言ってくる人が徐々に多くなり、母に確認してみたところ、それは事実でした。私の一人での通学が心配と不安だったため、母が後ろで見守っていたということです。その時に、私は「一人での通学を許可してくれたけど、不安と心配がなくなるわけではないことから、私の意見をすぐに尊重してくれるように見えたけれど、後ろで見守ろうと思っていたのだ」と解釈できました。重度の肢体不自由児の育児や教育においては、私の両親のような方法もよい妥協案だと思います。

ところが、一人での通学に反対したのは両親だけではありませんでした。私は、数年後に分かりましたが、当時の校長先生から「電動車椅子での通学は許可しない。」という話が高等部主事の先生にあったそうです。両親も反対したい程のことでしたので、校長先生の気持ちも理解できます。しかし、高等部主事の先生は、「禁止することは子どもの自立心を摘み取ってしまう。一人で通学することは将来役に立つ。何かあれば私が責任を負う。」と説明し、許可を得たそうです。その先生には、今も深く感謝をしています。

私の事例のように、周囲、特に学校の先生たちの理解と応援がない場合は、重度の肢体不自由者と家族の努力だけでは実現しにくい問題が多くあります。今後は、高等部主事の先生のような先生たちも増えてほしいですが、それよりも、学校全体が前向きで重度の肢体不自由のある児童生徒の「自立」を支える体制を作り、教師個人の負担や責任としないことを望んでいます。

いつの間にか自分で通うことは、生活の一部に定着し、家には7時くらいに着く毎日でした。また、通学路で利用していた道路にあるガソリンスタンドや商店の方々にも、私の存在は生活の一部になり、手助けが必要な時は自然に手伝ってくれる心の温かい方々が増え続けました。今考えてみると、一人で通学しながら、私は、障害を理解して配慮してくれる人がこの世の中に多いこと、またそのような方々との出会いにより、障害者も社会の一員として「楽しく」生きることができると思います。

8. 自立はさまざまな経験からはじまる

電動車椅子による一人での通学は、私の「自立」のはじまりでした。当時は自分で通学できることがとても楽しく嬉しかったですが、そのような時間が今の私を作った原動力だと思います。

電動車椅子での通学は冬が大変でした。登校する時には赤城山から吹き下ろすからっ風が、顔目かけて容赦なくぶつかってきます。渡良瀬川に沿った堤防のサイクリングロードを通学路としていた私は、あまりの強風でまともに前へ進めず、バックミラーを頼りに後ろ向きで通過する日もありました。雪の日には両親が引き止めるのも聞かず、合羽を着て雪に埋もれながら行ったこともあります。そのような私の根性は、両親をはじめとする周りの人々に心配をかけていたかもしれません。でも、そのような経験が「自立」のはじまりであると思います。

通学の途中に、渡良瀬川に架かっている「松原橋」という長い橋があり、ここで数々のエピソードがあります。

寒くなりかけた秋のある夕方、いつものようにその橋を通っていた時、電動車椅子の車輪がパンクして片方に傾いてしまいました。少し戻った所にホームセンターがあるのでそこまで何とかして行こうとしたのですが、もう動きません。助けを求めようと思っても、普段でも歩行者の少ない所なのに夕方なので誰も通りません。仕方がないので車に乗っている人に止まってもらおうと手を挙げたり、わざと下を向いたりして一生懸命パフォーマンスをしたのですが、一向に止まってくれる気配がありません。その時、自転車の明かりが見えてきました。その人に助けてもらわないと当分人は通らないと思って、私のそばを通り過ぎる時に「すみません。」と声をかけました。その人に手伝ってもらい、家に電話することができました。

また、このようなエピソードもあります。普段通り松原橋を走っていたら救急車のサイレンが近づいてきました。病人や事故のためだと思いましたが、なぜか救急車が私の真横でピタリと止まりました。救急隊員が出てきて「大丈夫ですか？今、車椅子の人が気分悪そうにしていると通報があったので。」と言いました。恥ずかしいやら、情けないやら、緊張しながら「大丈夫です。僕はただ信号待ちをしていただけなんです。」と説明しました。救急隊員は「あ、そうですか。それならいいんです。気をつけて帰ってください。」と言って去って行きました。信号待ちをしながら首の体操をしていたことを勘違いされたのだと思います。心配してくれるのはありがたいですが、救急車を呼ぶ前に一言声をかけてくれるとよかったと思います。

一人での通学がなれてきた時から電車も利用するようになりました。電車を利用することで、行動の範囲も広がりました。また、出かけた先のデパートの洋服屋の店員さんや家電屋の店員さんととても親しくなりました。私は、地域のさまざまな人との出会いがとても楽しいです。

修学旅行では、家族以外の人にお風呂の手伝いをしてもらう経験ができました。校長先生をはじめ、多くの先生がすべての生徒のお風呂の手伝いをしてくれました。家族以外の人にお風呂の手伝いをしてもらうことは、食事やトイレなどとは異なり、心理的な壁があることです。養護学校高等部の就学旅行でその壁を乗り越えることができてよかったと思います。もし通常学校にいたら体験できない経験だったかもしれません。今はどうか分かりませんが、当時は母の同行や手伝いを前提で修学旅行を行っていたので、養護学校でなければ体験できない貴重な経験のひとつです。重度の肢体不自由者として「自立生活」を実現するためには、他人、特に家族以外の人の手伝いを除いて考えることは不可能であり、お風呂なども含むからです。

高等部の３年間は、思い返せば短い時間でありましたが、さまざまな経験をしながら、精神面や体力面と両方で壁が取り払われたような気がします。私にとっては、通常学校で健常児と共に過ごしたこともよかったですが、養護学校で学んだことも多かったなと思います。素晴らしい友人、先生、そして地域の方々との出会いにより、人生観が大きく変わりましたし、「自立」への姿勢と態度ができたと思います。

9．谷口明弘氏との出会い

私は、一人暮らしをしています。一人暮らしをしようと決めたきっかけは、自立生活問題研究所を立ち上げた故谷口明広[4]氏との出会いです。谷口氏に個別面談をした時に、自立生活をしてみればという話が出ました。それまでも、年の順を考えるならば、親は私よりも早く亡くなるので、親元を離れて自立しなければいけないという気持ちはありました。その半面、一人暮らしは怖くて、なかなか踏み切れずにいました。そのような私の背中を強く押してくれたのが谷口氏でした。

当時、授産施設[5]に通っていた私に、谷口氏は「毎朝、足利から桐生まで電動車椅子で移動し、また桐生から前橋まで電車で通うのも大変だし、前橋に住んだらどう？」という提案をしてくれました。その言葉で一人暮らしを始めることを決めました。

重度の肢体不自由者は、私のように「一人暮らしをしたい」と思っていてもその目標に向けてなかなか進むことができず、「何かチャンスがあればやってみよう」と思いつつ、後回しにしていると思いま

---

4) 谷口明広（1956 ～ 2016）氏は、重症黄疸のため脳性まひとなりました。1980 年に桃山学院大学を卒業し、2001 年に同志社大学大学院文学研究科社会福祉学専攻博士後期課程を満期退学しました。2005 年には、博士（社会福祉学）を取得しました。谷口氏は、愛知淑徳大学教授、自立生活問題研究所長等を歴任しました。また、同志社大大学院在学中に米国バークレーの自立生活センターに留学した経験をもとに、自立生活問題研究所を設立し、京都の障害者運動を主導する一人でした。

5) 授産施設とは、障害があり一般企業に就職することが難しい人が働く施設でした。2006 年の障害者自立支援法の施行により、就労継続支援施設（A 型，B 型）や就労移行支援施設に移行されました。2006 年前の授産施設は、社会福祉法に基づく「法定授産施設」と、各自治体が定めた要綱に基づく「心身障害者小規模授産施設」などがありました。

す。彼らには、きっかけが必要であり、谷口氏のような方との出会いがそのようなきっかけに繋がる可能性が高いと思います。もちろん、一人暮らしが「正解」とは思わないです。一人暮らしができる力を身に付けることが大事で、その後、一人暮らしをするか否かは個人の判断で決定すればよいと思います。

10. 一人暮らし

一人暮らしに向けて、まずは「住まい」を探しました。前橋市内に電動車椅子を使用する肢体不自由者も住みやすい住居があるのか、住宅情報誌やインターネットで調べましたが、そのような物件は見つかりませんでした。県営住宅や市営住宅も調べてみましたが、既婚者が優先になることを聞いて、独身の私に順番が回ってくるのははるか先だと判断しました。

授産施設のボランティアに来た福祉係の専門学校の学生に相談してみたところ、前橋駅前の集合住宅に友達が住んでいることを聞き、一度見に行くことになりました。

駅にも近く、大型スーパーもあり、非常に便の良い所でした。正面入り口には階段がありましたが、電動車椅子が通れるスロープもついていました。部屋の玄関に段差がありましたが、少し工夫すれば、電動車椅子でも出入りできそうでした。エレベーターは電動車椅子で乗れる幅でした。集合住宅はこのくらいまでクリアしている場合が多いです。いつも問題はバスとトイレです。その集合住宅は、バスとトイレが決して広くはありませんでしたが、それぞれの空間が分離されていました。また、介助者が一緒に入って手伝ってくれる程度の空間は確保されていたことから、それが一番大きな決め手となりました。福祉系の専門学校の学生も数名がその住宅に住んでおり、彼らが「手助けが必要な時には遠慮なく声をかけてください。」と言ってくれたので、より自信がつきました。

次に、ヘルパーの確保が課題でした。私は、全介助が必要であるため、ヘルパーの手伝いが重要です。そのため、前橋市役所の担当者とヘルパーの利用時間数の増加を含めた相談と交渉を始めました。これから一人暮らしを考えている当事者とその家族には、地域の市役所との交渉を前もって行うことをお勧めします。なぜならば、前年度の利用実績と毎年の市予算を考慮した上で、ヘルパーの利用時間数を決定することから、「一人暮らしを始めよう！」と思ってもすぐに十分な時間数を確保するのができません。また、毎年の市予算を決定する時期は前年度の秋頃です。そのような状況をふまえ、利用時間数の交渉をしないといけません。

2001 年当時、私が初めて認定してもらったヘルパーの利用時間数は、平日の場合、朝2時間、夜3時間、巡回（毎日、30分）2回でした。土・日・祝日は平日の時間数に加え、昼 1 時間を認めてもらいました。当時の時間数は決して十分とはいえません。今まで相談と交渉を続けてきて、現在では、毎月、身体介護 135 時間、家事援助 110 時間、通院等 20 時間、移動支援 30 時間となっています。一人暮らしを始めた当時と比べてみると、十分とは言えませんが、快適な生活が送れるようになりました。現在のヘルパーの利用時間数とスケジュールは表 4-1 にしますので、ご参照ください。

利用時間数の決定後、ヘルパーの性別の問題がありました。当時、前橋市には男性ヘルパーが少なかったため、男性ヘルパーの募集に困っていました。その時に、私が通っていた授産施設がヘルパー事業を立ち上げる予定であることを聞きました。授産施設と相談したところ、私の一人暮らしをもとに、ヘルパー事業を本格的に始めることになり、男性ヘルパーも募集してもらうことができました。

表 4-1　ヘルパーの利用時間数とスケジュール（現在）

曜日	利用時間
月～水	巡回＝ 02：30 ～ 03：00 朝＝ 06：00 ～ 08：00 または 07：40 ～ 09：30 昼＝ 12：00 ～ 13：00 夜＝ 17：00 ～ 20：00 または 17：50 ～ 20：50 深夜＝ 23：00 ～ 24：30
木 （第 1・3・4 週目）	巡回＝ 02：30 ～ 03：00 朝＝ 07：00 ～ 09：00 （リハビリ） 夜＝ 17：50 ～ 20：50 深夜＝ 23：00 ～ 24：30 ※ 体調・天候によって、リハビリに行かない場合、第 2・5 週目に変更）
木 （第 2・5 週目）	巡回＝ 02：30 ～ 03：00 朝＝ 06：00 ～ 08：00 または 07：40 ～ 09：30 昼＝ 12：00 ～ 13：00 夜＝ 17：00 ～ 20：00 または 17：50 ～ 20：50 深夜＝ 23：00 ～ 24：30
金	巡回＝ 02：30 ～ 03：00 朝＝ 06：00 ～ 08：00 または 07：40 ～ 09：30 昼＝ 12：00 ～ 13：00 （リハビリ） 夜＝ 17：50 ～ 20：50 深夜＝ 23：00 ～ 24：30
土・日・祝日	巡回＝ 02：30 ～ 03：00 巡回＝ 05：30 ～ 06：00 または 07：30 ～ 08：00 朝＝ 10：00 ～ 12：00 または 12：00 ～ 14：00 夜＝ 17：50 ～ 20：50 深夜＝ 23：00 ～ 24：30

注）移動支援（30 時間／月、不定期）は、スポーツや買い物などの余暇活動のため利用しています。

このように簡略にまとめると、一人暮らしのはじまりが簡単に見られるかもしれませんが、試行錯誤の多い日々でしたし、たまに一人暮らしを諦めたほうがいいかという時もありました。しかし、今は谷口氏の助言で始めた一人暮らしは、私の人生にとって大きな分岐点であり、そのように努力してきてよかったと思います。

11. 地域の一員として生きること

地域の一員として生きることは、障害の有無に関わらず、だれもが保障してもらわないといけない権利だと思います。そのために、地域の人々の手伝いやコミュニケーションは不可欠な要素です。一人暮らしを始めてからそのような関係が広がっています。

外出時には、ヘルパーさんに同行してもらう時もありますが、一人で買い物などで出かける時も少なくありません。そのような時には、駅員さんや店員さんなど、いろいろな方々との関係が作られて、私のことを理解してくれる地域の方々がだんだんと増えていきます。そのような方々との出会いをいつも楽しく感じながら一人で出かけています。もちろん、買い物や食事などを手伝ってもらう時もあります。

こんなこともありました。高崎に遊びに行った時、トイレに行きたくなってしまい、介助をしてもらわないといけない状況になりました。ショッピングセンターの店員さんにお願いしたところ、とても快く引き受けてくれました。定員さんが他の定員さんも呼び、３名で介助をしてくれました。その場でもお礼を言いましたが、家に帰った後、もう一度お礼を伝えたいと思って電話を入れました。ショッピングセンターの方に事情を説明し、「その店の方々に『本当にありがとうございました』とお伝えください。」と言いました。ショッピングセンターの方から、「わざわざご連絡いただき、ありがとうございます。またぜひお越しください。」とありがたい言葉ももらいました。

写真 4-2 桐生市商店街にて

家にいる時は、ヘルパーさんに料理を作ってもらいます。レシピは自分でインターネットのウェブサイトなどからダウンロードする場合も少なくありません。いつも美味しく作ってくれるので、ありがたいです。食事介助の時に「味噌汁はストローで飲みますか？」と聞かれることが多いです。味噌汁などは、直接、口に運んでもらって飲みます。それがストローを介して飲むよりも美味しいからです。ストローで飲む方が楽ですが、味が全然違うからです。しかし、なぜかビールは別です（笑）。私はビールが大好きでよく飲みますが、その時はストローを用いて飲みます。介助を受けても、より美味しく食べたり飲んだりする方法はいろいろあります。そのような違いに気づきながら食事をすることも楽しいです。もちろん、何よりも仲がいい人と一緒に食べることが一番です（笑）。

一人暮らしをしていると、決して楽しいことばかりではありません。ヘルパーさんとの人間関係で悩んだ時もあります。ヘルパーさん本人に言いにくいこともあり、場合によっては、他のヘルパーさんを通して遠回しでうまく説明してもらう場合もありました。私には、ヘルパーさんの存在が一人暮らしの大前提なので、彼らとのコミュニケーションと人間関係は重要な問題の１つになります。たまには、人間関係がうまくいかず、回復することができない場合もあります。その時は、私の本音がうまく伝わっていないと思い、ガッカリすることもありますが、頑張れるところまでは頑張って、後悔が残らないように努力しています。

最後に、念願が一つあります。愛車（電動車椅子）を乗って外出する時は気持ちがいいですが、私と一緒に歩いてくれる彼女がいればと思います。そのような人との出会いがあり、それから幸せな家庭を築くのが私の夢です。また、今の健康が維持できることを願っています。最近、つくづく健康であることの喜びを感じています。健康であるがゆえになんでもできるので、これからも健康に十分に気を遣っていければ良いなと思います。皆さん、街などで私を見かけたら気軽に声をかけてください！

TEA BREAK ⑥

肢体不自由児と美術科教育

多胡 宏

特別支援学校で学習する肢体不自由児には、絵を描くことが大好きな生徒がいることがあります。美術の世界は広がっていますから、絵だけでなく写真を撮るのが好きであったり動画の制作が好きであったり、もっと他の美術（アート）に関連することが好きであったりするかもしれません。このような生徒が特に高等部にいるとき、教師は積極的に背中を押してほしいと思います。 美術科の授業だけでなく、放課後の部活動の時間などを生かしたり、場合によっては、その生徒の教育課程を検討したりすることがあってよいのではないかと思います。保護者の方と相談して日々の生活や長期休業の生活などを見直し、好きな美術に向けて組み立ててもよいと思います。美術は、自己と社会とをつないだり、調和のとれた自己を育んだりする力を持っているといわれます。思春期の生徒は自分では意識していないかもしれませんが、このような美術の力を求めているのだと思います。もしかしたらその生徒にとって絵を描くことは単なる「お絵描き」ではなくなっているかもしれません。できるなら校内だけではなく、地域にも活動の場を広げ、出て行ってほしいと思います。作品を発表したりワークショップなどをしたりして、見に来たり参加したりしてくれた友達や卒業生、地域の方などと生徒は新しいつながりを作り、自分の可能性を広げていきます。見ず知らずの方と接し、疑問や感想などを受けそれに答えることは、普段とは異なる新鮮で貴重な経験の中で自己を育んでいくことが可能になります。

また、車椅子に座っていることやベッドで横になっている時間が長く、コミュニケーションもうまくとれないなどの生徒がいるかと思います。美術科の時間では文化祭や作品展に向けて、絵画でいえばビー玉に絵の具を付けて紙の上を転がしたり、紐に絵の具を付けてひっぱったりなどしながら作品を仕上げることがあるかと思います。しかし、作品はできるのだがこれでよいのだろうか、美術科教育として生徒の成長の何を保障しているのだろうかという疑問を教師は持ち、考えてほしいと思います。そもそも私たちはなぜ「美しい」と感じる心を持っているのでしょうか。生徒の発達段階を考え、このような感じる心を育むことに向けた、広い意味での鑑賞学習が美術科教育として必要になることもあるのではないかと考えます。生徒によっては、自立活動と関連させて考えなければならないかもしれません。そのような学習を美術科教育としていかに落とし込んでいくかを考えたいです。乳幼児期からの人の成長を考えると、美術は表現することの前に鑑賞があると思われます。作品づくりから色の広がりや形の楽しさなどを感じることもありますが、生徒の発達段階にあった鑑賞学習の工夫がまず必要なのではないか、と考えます。

宮内康裕氏の作品
第 1 回造形愛好会作品展（1995 年）案内状より

TEA BREAK 

羽田空港国際線旅客ターミナルのバリアフリー化

任 龍在

羽田空港では、国際線旅客ターミナルの新設にあたり、障害者を中心とする「UD 検討委員会」を設置し、ターミナルの設計から工事に至るまで委員会の意見や提案を幅広く反映させました。また、委員会が形式的なものにとどまらないように、障害者（肢体不自由者、視覚障害者、聴覚障害者等）をはじめ、有識者、設計者、施工者などをメンバーとする「UD ワークショップ」を 40 回以上実施しました。その結果、障害者参加型のバリアフリー化が実現されました。

今後、公共施設等を新設する際には、「障害者参加型のバリアフリー化」を推進する必要があります。利用者の観点から提案することは非常に重要であり、そのような業務に専門性の高い当事者を養成することも課題です。つまり、今後は障害者を一時的な委員として委嘱するよりも、都道府県等の正規職員として雇用し、公共施設等のユニバーサルデザインとバリアフリー化の質的向上を図ることを期待しています。これは、重度の肢体不自由者の雇用促進にも貢献できると思います。

ここでは、羽田空港国際線旅客ターミナルのバリアフリー化の一部を紹介します。詳細な情報が知りたい方は、羽田空港のホームページをご参照ください。

1．多機能トイレ

車椅子対応の多機能トイレが設置されています。近年、多機能トイレの設置は一般化され、公共施設等では一般的なものとなりました。しかし、肢体不自由者や高齢者のおむつ交換や着替えができる多目的ベッドを設置している場所は多くありません。羽田空港は多目的ベッドの設置率が高く、利用者からも評判が良いです。今後、鉄道駅など他の公共施設にも多目的ベッドの設置が増えることを強く望んでいます。

2．補助犬トイレ

長時間の飛行の前後における補助犬の排泄に配慮するため、補助犬（主に盲導犬）のトイレをターミナルに設置しました。補助犬は、好きなタイミングで排泄しないよう訓練されており、ユーザー（主に視覚障害者）の指示を受けて排泄します。そのため、長距離移動には困難を感じることが多く、特に長距離飛行は大きな課題の一つです。補助犬トイレは、羽田空港国際線旅客ターミナルビルのほか、福岡空港国際線旅客ターミナルビルやJRさいたま新都心駅などにも設置されています。

3．手話フォンとエレベーターの非常ボタン

聴覚障害者のために、手話で電話をかけられる公衆電話「手話フォン」が設置されています。オペレーターが手話通訳をすることで、聴覚障害者も電話をかけることができます。エレベーター内には、非常時の対応状況を伝えるため、文字による情報提供が可能な液晶モニターを設置しました。また、非常時にボタンを押すことで聴覚障害者の存在を外部に知らせることができる「耳マーク」の非常ボタンを設置しました。このボタンを押すと音声対応はせず、現場に対応者が駆けつけます。

以上のように、羽田空港は多くのバリアフリー施策を導入しています。これらの施策が他の公共施設にも広がり、障害者にとってより利用しやすい社会になることを願っています。

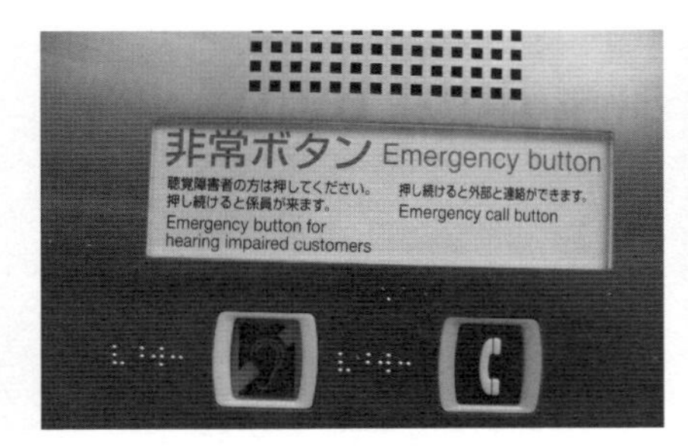

聴覚障害者専用の非常ボタン

補助犬トイレ

第５章

オプティミストが一人で生きるということについて考える

小野塚 航

私は 1971 年に東京都で生まれ、現在も東京都に住んでいます。進行性レンズ核変性症という疾患のため、四肢体幹機能障害を持っています。八王子市立椚田小学校、椚田中学校、東京都立館高等学校、和光大学を卒業しました。その後、NPO 法人「風の子会」に入会し、2010 年から同会理事として活動しています。

1．はじめに

僕が今ここにこうして立っていられるのは、家族や友人の支えがあったからであって、僕自身はたいした努力はしてこなかったように思います。それでもなんとかやってこられたのは、いろんな偶然をうまく掴み取ることができたからではないかと思っています。“運も実力の内”というけれど、運や偶然、あるいは奇跡（とはいいすぎかもしれないけれど）の積み重ねによって今があるのではないかと思うのです。

自立しよう、と強く願ったわけではなく、なんとなく今日まで来てしまった――そんな僕が何を語れるかはわからないけれど、こんな能天気な障害者もいますよというのは、本著において面白いファクターになるのではないかと思ったりもするのです。

とりあえず、これまでの自身の経緯を振り返りながら、『僕』という人間について語ってみようと思います。

2．子供時代

僕は1971年に世田谷区で生まれ、3歳頃に八王子市に引っ越しました。母の話によると、僕はその頃から少しずつおかしくなり始めたようです。片足を引きずって歩くようになり、動作も鈍かったので、心配した母があちこち病院をまわって調べてもらった挙げ句たどりついたのが『進行性レンズ核変性症による四肢体幹機能障害』というちょっとややこしい名の診断結果でした。要は脳性まひと似たような障害なのだと思うのですが、以来ずっと僕はこの厄介な枷とうまく付き合って生きていくことを運命づけられたのでした。

両親の熱い希望で、僕は小学校も中学校も市立の普通学校に通うことができました。市の教育委員会は養護学校を勧めたのだけれど、普通に育てたいという母の願いから、教育委員会と何度も話し合った末に通えるようになったのです。このことについては今でも母に感謝しています。養護学校の教育レベルがどの程度なのかはわからないけれど、普通学校に通えたおかげで多くのことを経験できたし、大学進学も果たせたのです。

小学生当時の僕は、本当に能天気な性格で、自分のこの不自由な身体はあくまでも一時的な状態で、いずれみんなと同じように駆けまわれるんだと本気で信じていました。だからなのか、周りのクラスメイトとも自然に接していたし、今よりももう少し身軽だったので、小・中学校ではほとんど車いすも使わずに過ごしていたし、能天気さ故か、仲の良い友達とはしゃべって（多少の言語障害はあるにせよ）コミュニケーションもとっていました。小学校高学年の頃だったと思いますが、クラスで軽いいじめにあいました。おそらくこれが“自分は障害者なのだ”とはっきりと自覚した最初のきっかけだったと思います。けれどもその当時は友人に恵まれていたため、それほど落ち込むこともなく乗り切ったと記憶しています。

高校も、普通の都立校に行きました。願書を提出し、健常者と同じように受験をし、下の上レベルの都立校に入学することができました。登下校は母に送ってもらい、体育の授業は母と見学、修学旅行は父同伴と、両親の介助ありきの高校生活でしたが、おかげで無事３年間通うことができました。高校に入るとそれまで親しかった友人と離れ離れになり、どうやってクラスメイトと接すればいいのかわからなくなっていきました。周りの人すべてがよそよそしく感じられて、僕は少しずつ閉ざされていくように感じてしまいました。けれど、小・中の友人たちとの関係は続いていたので、彼らと遊ぶ時間は楽しかったし、全く自閉しきっていたという訳でもありません。ただ、小学時代の軽いいじめと高校の３年間で、僕は人間関係というものは慎重さも必要なのだということを実感的に感じていたのです。

3．大学、寮生活そしてアパート暮らし

高校卒業後、２年の浪人期間を経てやっとの思いで入れたのは町田市にある和光大学でした。２年も浪人した割にあまり学力は上がらず、高校の推薦と小論文と面接のみという和光大学の推薦入試制度にすがりつき、何とか合格できたのでした。1992 年、春のことです。

僕が住んでいた家は八王子で、大学に行くためには車で１時間以上かかってしまいます。毎日の通学を母がするのは大変だと思っていたところ、和光大学には学生寮が隣接されていることを知りました。「そこで生活すれば母の手を煩わせることなく大学を通うことができる。寮生活ってなんだか修学旅行みたいだし、家を出るという経験も面白そうだ。」そんな浅はかともいえる軽い気持ちで、僕は寮に住むということを決めたのでした。

大学時代の記憶の多くが僕にとってはイコール寮生活ともいえます。全く知らない人たちが 4,50 人集まって共同生活をしながら大学へ通う。そんな環境では内向的ではやっていけません。だから僕はそれまでの内向性を取っ払って、必死に、がむしゃらに人と接していきました。そのころに電気屋で電子手帳というツールを発見し（もう 30 年近く前のことです。当時は携帯なんていう便利なツールはまだありませんでした）、それを用いることで人と簡単な意思疎通もできるようになり、僕の人となりも徐々に周囲もわかってくれるようになりました。その寮は本当に古い建物で、バリアフリーなどかけ

らもなく（当時まだそんな概念すらなかったころだったと思います）、不便は当然あるものと承知して暮らしていました。２階へ上がるには階段しかなく、手すりをつたって上がっていたし、１階にある共同風呂は広すぎて一人では入れないので必ず誰かの手を借りて風呂に入り、トイレは各階にある共同トイレへ歩いていく。不便さは確かにあったけれど、自分でできることは自分でして、できないところは仲間の手を借りる。こういう共同生活だからこそできたのかもしれないけれど、それまでの家族に守られての生活しか知らなかった人間が、寮生活を通して自分の力で生きていく術というものを経験的に学べていけたのだと思います。

大学と寮は歩いて５分ほどの距離にあり、通学は電動カートを用いました。それまでは、歩くか車いすかという移動手段しか考えていなかったし、車いすを自分で押して移動できるだけの腕力もなく、家族の支援ありきの生活を当たり前のようにしていました。けれども親元を離れて寮という空間で自分の力で生活を規定し、かつ大学へも通うとなれば、自分である程度行動できるようにしなければなりません。電動車いすは、ジョイスティックの微妙な操作が僕の手では難しく、紆余曲折を経て辿り着いたのが電動カートでした。

そうして寮生活をしながら、大学へ通うことが何とかできるようになりました。学内では電動カートで移動し、教室までそのまま入っていければ入り、階段で上がるしか手段がない場合は車いすに乗り替えて、通りすがりの学生を3,4人つかまえて階段を上がって教室へ行く。学食はセルフサービスなので、選んだ料理を自分で運ばなければならないのだけれど、カートを操作しながら運ぶというのは至難の技で、この場合は学食のおばちゃんの手を借りていました。何度も通ううちにおばちゃんたちも僕の顔を覚えてくれて、自然にテーブルまで運んでくれるようになりました。

寮生活を満喫し、マージャンやドライブやカラオケといった夜遊びに耽りすぎてしまった結果、僕は大学を２度も卒業しそこねてしまいました。親には必死に頭を下げて、必死に単位取得に励み、6年かけてようやく卒業という形に辿り着くことができました。卒業が見えてきたとき、ふと思いました。「卒業してまた実家に戻って、その先に何かあるのだろうか？」。就職、というのが本来の選択肢なのだろうけれど、当時の僕には自身に見合った場所を見つける術はなく、実家に戻るという選択肢以外はありませんでした。せっかく親元を離れて生きるという経験をしたのに、また戻ってしまうというのはなんだかもったいない気がしました。そこで僕は両親にある提案をしました。「卒業前の１年間は、寮を出て近くのアパートで暮らし、そこから通学したいと思う」。父は基本的に僕のしたいことは何でも支持する人なので特に問題はなかったけれど、母は猛反対でした。「なんでそんな大変なことをするの！？」。とりつくしまもないような母を一晩かけて説得し、なんとか成功し、大学６年目は寮を出て、大学から20分くらいの距離にある駅近くのアパートを借りて、そこに新しい生活空間を得ました。

アパートでの生活は基本的にすべて自分でしなければいけません。食事は外食かコンビニ弁当で乗り切り、風呂はユニットバスという狭い空間なのでなんとかしのげる。一番の厄介は洗濯で、これは僕の力量では困難だったので、週末に母に来てもらってなんとか乗り切りました。こうしてアパート暮らしをしながら大学に通い、卒業することができました。

アパート生活での面白いエピソードがあります。

それはこんな話です――

『大学生活６年目。僕は寮を出て近くのアパートに住んでいました。アパートから大学まではカートで 20 分前後。川沿いの田舎道でのんびりとしたルートです。５年目に必死になって単位を取りにいったのだけれどそれでも卒業には届かず、残り数コマの単位を取るために僕は大学６年目を過ごしていました。６年目ともなると大学のペースもほとんど掴めているし、受ける講義も数える程度だったので、大学には週に 2,３回しか行きませんでした。それがまずかったのです。

９月の初め、夏季休暇が終わり後期授業が始まる頃。僕は授業がいつから始まるかを確認せずに大体の見当で大学に向かいました。その日は朝から雨でした。片手で傘を差し、もう片方の手でハンドルを操作してカートを運転するのです。電動カートも６年も乗れば慣れたものです。アパートを出た頃は普通の雨模様だったのですが、進むにつれて次第に雨脚が強くなってきました。傘を少ししっかりと握り直して更に進みます。大学まであと半分くらいの距離にきたあたりで本格的などしゃ降りになってきました。風も強くなり、傘を前傾に差さなければ雨を防げないほどの激しさです。校舎が坂の上に見えるところまできましたが、雨と風の激しさはピークに達していました。傘を差している意味が全くないようです。ブラウスはおろかＴシャツからジーンズ、パンツまでぐっしょりと濡れている感じがしました。学部棟に辿り着いたときには精も根も尽き果てていました。

学内にはいると僕を打ちのめす事実が待ちかまえていました。大学はまだ夏季休暇中で、講義の始まりは翌週からだったのです。掲示板の張り紙でその事実を確認した瞬間、僕の頭は完全に真っ白になりました。茫然自失の体でしばらく学内を彷徨った後、食堂に入ると「あらあんたどうしたの？　ずぶ濡れじゃない」顔馴染みの食堂のおばちゃんが驚いた顔で聞いてきます。僕がここまできた経緯を簡単に話すと「案外ぬけてるねえ」と呆れ顔で言いながら、生協に行ってタオルを買ってきてくれました。濡れた体を拭いてもらい、温かいお茶を飲むととりあえず一息つけた気がしました。

後になって知ったことですが、その日は台風が関東地方に接近していたらしいのです。天気予報を確認せず、しかも授業がいつから始まるかも確認せずに雨のなか大学まで行くなんて我ながら間抜けな話です。濡れながら帰り、アパートにつくとまずシャワーを浴びて、髪を乾かしながら冷蔵庫からビールをとり、一口飲んで「こんなバカなことは二度とするもんか！」と固く誓いました。

人間誰しも失敗はするものです。大切なのは、失敗したことから何を学び取るかなのです。』

4．新橋に住む

卒業後もそのアパートで２年ほど生活していましたが、特に何の目標もなしに漠然とした日常の中で一人暮らしを満喫していました。けれどもそれではその先の方向性が全く見えません。漠然とした不安感に背中をつかれながら日々を過ごしている中で、父がある提案をしてくれました。「都心に住んでみる気はないか？」。流行やトレンドが好きな僕が最先端のものにすぐに触れられる場所—都心—に住むことができる。このまたとないチャンスに僕は即答しました。

もし、大学を実家から通い、卒業後も当たり前のように実家で過ごしていたら、このときの父の提案を受ける勇気があったか、自信はありません。寮での生活とその後のアパート暮らし、これがあったからこそ、次のステップに進めたのだと思います。もちろんそれは僕だけの努力ではなく、家族や友人知人の厚い支えがあったからこそですが。

寮での生活とアパート暮らしを経て、1999年末から新橋での新しい生活が始まりました。父が購入してくれたマンションの一室で、生活を一から規定していく。それはそれでたいへんなことではあったけれど、30歳にあと1年半の猶予があった当時の僕はバイタリティとキュリオシティに満ち満ちていたので、たいへんな生活をも楽しんでいたように思います。食事は電動カートで出かけて行って外食ですますことができました。風呂はアパートのユニットバスよりもう少しまともになったので、より入りやすくなりました。洗濯は、週に一度妹が来てくれてまとめてしてもらっていました。それら一つ一つの"生活"をこなしていくことが、その頃の僕には重要なノルマになっていました。一日のノルマをすべてクリアした夜に飲むビールは格別なものでした。

一日一日を必死に過ごしていきながら、「せっかく都心に住めたのだから、いろんなところにでかけていって、実際にこの目で見てみたい」という僕の中のキュリオシティが次第に疼きだしてきました。渋谷に新宿、池袋など流行りの街を電動カートであちこち駆け回り、テレビでしか見ることのできなかった景色をじかに見ることができたのです。それはとても素晴らしい経験でした。

2002年のある日曜日のことです。いつものように電動カートでぶらぶら出かけ、上野に辿り着いたときに少し不快な出来事に遭遇しました。疲労困憊になりながら部屋に帰ったのですが怒りがおさまらなかったので、パソコンに向かって1時間ほど愚痴メールを書き殴り、母に送りました。しばらくしてから読み返してみると、ざっと書き殴った文章にしては我ながら良くかけているなと思いました。

そういう訳で、そのときのメールをここに掲載してみようと思います。文体が少し荒々しくなっていますが、その場の気分や感情がリアルに伝わると思うのでそのままにします。ご了承下さい。

『母へ―――

朝、いつもよりやや早く目覚める。いい天気なので、軽快に仕度を済ませ、朝兼昼食をとりにファミレスへとむかう。虎の門にあるジョナサンは、僕が週に１度は行く処だ。少し早い時間だったのと、連休というせいか、店はやや静かに感じられた。それでも昼が近くなると、次第に客足も増えてきた。賑やかになってくる店を後にして、僕はこれからどうしたものかと考える。このまま部屋に戻ってしまうにはあまりにもいい天気だ。たいしてあてもなく、漠然と進路を北に決めて、僕は進みはじめた。

内堀通りを通り、皇居周辺に差し掛かると、道路を封鎖しているのに気付いた。連休などは、そのようにしてそこをサイクリングロードにしているのだ。小さい子と一緒に走る親達や、仲良さそうに走るカップルたち、中には外人のグループもあった。お昼過ぎ、天気もよく、みんなそれぞれに楽しそうだった。「ゴールデンウィークなんだ」そう思った。

更に進み、平川門で右へそれて白川通を通る。神保町を通り過ぎ、更に北へ進む。水道橋を通過し、東京ドームと後楽園を左に見ながら更に行き、春日通りと交差するところで右に折れる。ここまで特に意識して右折や左折をした訳ではない。街の見え方や陽の差し方、風向きなどで道を決めているだけだ。いわゆる、「気の向くまま」というのにほかならない。春日通りを進んでいると、ある標識が目に入った。「東京大学　ここより左１６０ｍ」軽い好奇心で左へそれる。しかしそちらは赤門のある正面ではなく、ちょうど裏側の附属病院のある通りだった。まあいいやと思いながら、附属病院やグラウンドを右に左にみながら進む。突き当たりに理学部棟があり、小さなバスロータリーをぐるりと回って右へ進む。規模もレベルも、そして権威も全く比べ物にはならないが、自分の学生時代をふと思い出す。連休ではほとんど人とすれ違わなかったことが、どこかしらノスタルジックな気分にさせたのだ。

やや急な坂を下り、裏門をくぐり、更に進むと不忍池に出た。上野まで来てしまったのかと他人事のように驚く。一回りしてみようと進むと、物凄い人混みにまた驚く。池の上はまるでオンシーズンの海水浴のようにボートでごったがえしている。やや呆れ顔でそんな光景を眺めながら、人混みを掻き分け掻き分け先へと進む。弁財天をくぐると、屋台の出店が何件も並んでいる。一服しようとそこで足をとめる。生ビールを買って飲み、陽射しがかなり強くなってきたのでブラウスを脱ぎ、マルボロを１本吸う。それにしてもすごい人の多さだ。子供連れの家族、カップル、上半身裸で酒盛りをしている外人グループ……そして異常に暑い。まだ５月初めだというのに、僕の両腕はすでに赤みを帯びている。ビールもすぐ温くなりそうだったので、素早くジョッキを空ける。しばらくの間、人の流れを眺めながらぼーっとしていた。

それからふと思って上野動物園へと足を向けることにした。チケットを買う行列が幾重にも並んでいたが、僕はフリーパスで通ることができた。しかし、園内の人の多さは想像をはるかに超えていた。動物を観にきたのか人を観に来たのかまったくわからなくなってしまった。前回来たのは平日だったので、そのあまりのギャップに半ば圧倒されたのだ。ざっと半周して、諦めてもう出ることにした。

人の流れに沿って、気がつくと上野駅に向かっていた。若い駅員に声をかけるとすぐに切符を買いに行ってくれた。JRに乗れるのかと驚いていたが、その思いはすぐに打ち消された。年配の駅員が２、３人、僕の周りを囲み、ちらちらみながら「これは乗れないんだよねえ」と恫喝的に言った。「でも今さっき、別の駅員が切符を買いに行ってくれたんですけど」「しかしね、これは特殊な車椅子だから駄目なの。わかる？　車内でなんかあったら危険でしょ？」

僕の言葉を遮るように年配の駅員は言う。僕はやや呆然としながらそこに立ち尽くす。切符を買いに行った若い駅員が年配の駅員に何かを言われて、返金をしにまた戻っていく間に、もう一人別の駅員が来た。年は僕と似たようなくらいだが、制服が違っていたので少し偉い人なのだと思った。「どこから来たの？」やや口臭のきつい息を吐きかけながらその駅員は言う。

「新橋からです」

「どうやって来たの？」

「これでです」

「どうやって帰るの？」

「電車に乗せてもらえたらと思って」

「で、どこから来たの？」

３回くらいそんなやりとりが繰り返されて、いい加減僕はキレた。

「あなた頭悪いんじゃないですか？　疲れたから帰りは乗せてほしいと言ってるんじゃないですか！？」

「しかしね、決まってることは決まってることで、仕方ないんですよ。疲れていようが、悪いけどそれで帰ってもらわないとね」

感情を必死に隠しながら彼は言った。

これ以上の会話は無意味だと思い、僕はその駅員に捨て台詞を吐いて、その場を去った。

「理不尽な世の中ですね！」

彼がどんな顔をしていたか、僕は見る気もしなかった。

このまま帰るには、僕は疲れ過ぎていた。2、3、考えを巡らせて、すこし遠回りになるが、大江戸線で帰ることにした。上野駅前交番で、上野御徒町駅の場所を尋ねる。「ああ、この道まっすぐいって、松坂屋の手前」かったるそうに言う若い警官に軽く会釈して、駅の入り口を目指す。しかし、松坂屋の手前にあったのは、階段の入り口だけだった。疲れや呆れや怒りが入り混じった感情がどっと押し寄せてきた。集中力を無くしたせいか、エレベーターの入り口を見つけるのに2～30分もかかってしまった。地下へ降り、もそもそと切符を買おうとしていると、後ろから中年の男性が笑顔で声をかけてきた。「何かお手伝いしましょうか？」ここまでの経緯があったせいか、思わず涙が出そうになるくらい嬉しかった。その人に切符を買ってもらい、大江戸線に乗り、築地駅で降りる。銀座の昭和通りを進んでいるとデニーズが目にとまり、中に入る。雰囲気も良かったし、店員さんも親切で、また目頭がやや潤んだ。19時過ぎ、精も根も尽き果てて部屋に辿り着いた。

この日1日で、僕はあることを学んだ。それは、

『理不尽な世の中に対して理不尽だと叫んでもどうにもならない』

ということと、

『それでも世の中にいい人はいるのだ』

ということだ。

生きていく中で、どれだけいい人に巡り会えるかというのは、その人の資質や努力によるものだと、改めて思った。

航』

それ以来僕は、JRは敬遠しがちになってしまいました。無意味な言い争いを繰り返したくないし、規則で乗れないのは仕方がないとしても、そのときの駅員の対応はどうしても正しいとは思えないのです。どうしてあんなに恫喝的だったのか、もう少しジェントルな対応はできなかったのか、と考えずにはいられません。

けれど不思議なことに、地下鉄は乗せてくれるのです。この違い

がどこにあるのか僕にはわからないけれど、それからは地下鉄であちこち出かけるようになりました。地下鉄の駅員の親切な対応で、忘れられないエピソードがあります。2000 年代初めのころはまだ銀座線の新橋駅には地上に上がるエレベーターがありませんでした。地上に出るためには地下通路を経て銀行の地下へ行き、銀行のエレベーターから上がるしかありません。しかし、地下通路の途中には数段の階段があってそこを越えないといけないのですが、その数段の段差をなんと銀座線の駅員が 7 人がかりでカートを持ち上げてくれたのです。僕の電動カートは 100 キロ超はあります。そんな重いものを数人がかりでわざわざ持ち上げてくれた駅員の好意を僕は絶対に忘れません。

5．生きていくということ

新橋での生活にも慣れてきた感じがする 2003 年、僕の中に社会と関わりたいという欲求が増していきました。「就職というのは僕には難しい気がする。だとすると作業所だろうか。でも今まで福祉と関わったことがない僕がうまく馴染めるだろうか。そもそもどうすればそこに辿り着くのだろう……」。どこから手をつければいいかわからず、悩み抜いた末に辿り着いた場所が区役所でした。受付でどこに尋ねればいいかと聞くと福祉課だといわれたので福祉課を訪ね、事情を話すと今度は社会福祉協議会というところを紹介されたので役所を出てそこに向かい、またそこで事情を説明すると、『風の子会』という場所を教えてくれたのでした。

風の子会は、2018 年に 40 周年を迎える港区でも老舗の作業所ですが、一般的な作業所とは少し違う趣がここにはありました。日中ずっと作業をし続けるのではなく、障害者が集まってわいわい賑やかに団欒しながら何かを生産したり社会参加をしたりしてみる、というそんな組織でした。職員が障害者をお客様扱いせず、障害者も職員を先生と呼んだりしない、そんな組織でした。そんなフランクな雰囲気が気に入り、しばらく通ってみることを決めたのでした。

たぶんきっと、2、3年で飽きてしまって辞めるだろうと思いながらの通所だったので、入所当時は家族に知らせずに通っていました。ですが5年6年と続けていくうちに、風の子会がどんどん僕に馴染んでいきました。区民祭りでの販売活動や一泊旅行などに参加しながら障害者の仲間や健常者の職員との交流を深めていく。そんな経験は僕にはとても新鮮でした。通所5、6年目ころになってようやく両親に報告するととても喜んでくれて、行事などにボランティアとして参加してくれるようになりました。そうした家族ぐるみの関わりを続けながら今に至っています。

2007年、妹の結婚が決まり、それまで週に1度来てもらってしてくれていたことができなくなってしまいました。どうしたものかと考えた末に思い付いたのは「ヘルパーを利用してみようか」ということでした。風の子会を通して福祉についても少しずつ理解してきたし、今後ずっとこの生活を続けていくためにはヘルパー利用というのは必須ではないかと思ったのです。

両親と役所で必要な申請手続きをして、新橋近くにあるヘルパー事務所を探し、相談して契約してヘルパー利用が始まりました。週に1日、午前と午後の計3時間の契約で、その間にしてもらうことは1週間分の洗濯と部屋の掃除機かけ、それにトイレと風呂の掃除の3つでした。見知らぬ他人を部屋に入れることに初めは戸惑いや緊張感が少なからずありましたが、来てくれたヘルパーが同世代の男性だったということもあって次第に打ち解け、慣れていくことができました。

週に３日の風の子会への通所と週に１日のヘルパー利用という１週間のライフサイクルを重ねていきながら、僕の中に変化が少しずつ起きはじめてきました。それは、僕の体のまひが徐々に重くなってきたということです。僕の障害は筋萎縮性側索硬化症 (ALS)[1] のような進行性のものではないのですが、歳を重ねることによる体力低下と、リハビリ等の体のメンテナンスを全くしてこなかったせいで体のあちこちにガタがでてきてしまい、それがまひという症状となって顕在化してきたのだろうということ、この２つが僕の体に重くのしかかってきたのです。それまでは簡単にできていたことが、全身の力を振り絞らないとできなくなったということが、一つまた一つと増えていきました。一つまた一つと階段を落とされる度に「ちくしょお！」と激しい雄叫びを上げるのだけれど、叫んでばかりいても仕方がないので、ぐっと歯を噛みしめてまた体を動かすのです。

これからもこの生活を維持、継続していきたいと願うのであれば、今、親に頼っている部分を徐々に減らしていかなければならない。2015 年に母が他界し、その前後から父の介助支援を受けることが増えてきましたが、その父だっていつかはいなくなるのだし、それまでには、いや明日にでも一人で立てるようにならなければならない。一人で立つとはすべてを自分でするということではなく、ヘルパーや風の子会という社会福祉を最大限に利用しつつ、自分らしい生き方をしていくことだと思うのです。それが真の意味での自立である

---

1) 筋萎縮性側索硬化症（ALS）とは、筋肉そのものの病気ではなく、脳の神経が障害を受け、脳から体を動かそうとしても、その命令が筋肉に伝わらなくなる病気（進行性の神経疾患）です。最初は、手足のしびれや脱力感などを感じますが、時間の経過にともない、自分の意思で体を動かすことができなくなります。一方、視力、聴力、意識などには問題がほとんど生じません。

とすれば、僕の今の状態はまだまだ“もどき”でしかない。そうであるならば、自立という意味をより深く突き詰めていき、それを実践していかなければならない。ひいてはそれが親孝行につながるとも思うのです。

能天気さだけでは人は生きてはいけない。本質的な部分がそうであるとしても、社会と関わって生きていくためには一定の堅実さも必要です。そういったことは経験で学んでいくしかない。これまでの僕が身につけられた社会性は微々たるものでしかないけれど、一歩一歩進んでいきながら社会と関わっていくことが、僕が生きていくということではないかと思います。

6．おわりに

最後に、僕が利用している電動カートについての説明を少し――

写真 5-1　6 代目の電動カートでの外出

僕が今乗っている電動カートはこれで6台目になります。大学での寮生活を実現するために必要だったのです。1台目はある業者に教えてもらい、2台目はよりコンパクトなカートを見つけたので買い換えました。その後、都心のマンションに引っ越す時に、マンションのエレベーターにカートが入りきらないということがわかり、よりコンパクトなものを探さなくてはならなくなりました。父があちこちまわった末にようやくみつけたのが、この今乗っているカートです（ちなみに4台目と5台目はこのカートをマイナーチェンジし、2013年に6台目に乗り換えました）。電動車いすはスティック操作が難しいと先に書きましたが、カートの場合はハンドル操作なので簡単に右折左折ができます。電動カートを使うことで、僕の行動範囲は広がりました。当初は通学目的のみでしたが、それ以外にも使えるのではと思い、あちこち出回りました。都心に住み始めてからは新宿、渋谷、原宿、台場、銀座など本当にあちこち出かけました（最近主に行く場所は銀ブラか、豊洲のユナイテッドシネマに映画を観に行くことです）。電動カートの利点について挙げるとすれば、それは買い物の時です。僕は買い物が好きで、生活必需品はほとんど自分で買っているし、ウインドウショッピングで「これは！」と思ったものを衝動買いしたり、ストレス発散買いやいわゆる“大人買い”をしたりするなど、とにかく買い物が好きなのです。ところで電動車いすでは、買ったものを持ち運べる量に限界があります。けれども電動カートなら前かごと足のせスペースを使えばかなりの量の買い物ができます。これは、僕が電動カートを好む理由の一つとなっています。

電動カートを利用し始めて30年近くが経ちました。その間の変化として驚いたのは、僕の足腰の筋力が半減したかのように感じられるほどに衰えてしまったという点です。大学に入る前は、近所に出かけるときは自転車に乗っていました（もちろん補助輪付きの自転車で、町内を走りまわる程度でしたが）。寮生活では毎日階段を上り下りしていたし、壁を伝って歩くことも少しなら可能でした。今でも少しくらいは歩けますが、階段の上り下りや自転車などをこなせるかといわれると、正直あまり自信はありません。電動カートを手に入れたことで行動範囲が飛躍的に広がり、一人で生活をしたいという思いへの道筋にも繋がりました。けれどもその反面、電動カートに依存する傾向に陥ってしまった結果、体力が激減してしまいました（電動カートの利用だけが体力低下の原因ではないことはもちろんわかっていますが、大きな要因であることに変わりはないと自戒の念も込めて思っています）。このアンビバレントをどう克服していくかが、僕の当面の課題になっているような気がします。

TEA BREAK ⑧

「みんな友達」—風の子会の仲間たち—

岡本 明

東京港区に、「風の子会」という車いすを利用する人を中心とした生活実習所があります。実習所にはメンバーが送迎ワゴン車などで三々五々集まってきて、職員、ボランティアも加わって朝会が始まります。

「おはようございます。何か連絡ありますか。」
「僕、今日は２時で帰ります。」
「ああ、正男は今日はお風呂だね。」
「かあちゃんはカラオケ行くので休みだって。」
「またカラオケか。好きだねえ。」
「おーい、一郎君、トイレ。」

いわゆる障害者通所作業所なのですが、他の施設とは一味違う自由な雰囲気が漂っています。そう、ここではメンバー（利用者）、職員、ボランティア、家族が友達、対等な仲間なのです。あだなも呼び捨ても自由。「かあちゃん」というのは親子でメンバーになっているお母さんの方のこと。一郎君は職員（所長）で、年長のメンバーからは君付けです。

障害者福祉の教科書には、「職員はクライエントを呼び捨てにしたり、あだなで呼んだりしてはいけない」と書いてあるものもありますが、風の子会はおかまいなし。施設職員とクライエントの関係ではないのです。訓練所でもリハビリ施設でもなく、家庭の延長、仲間とのふれあいとしての居場所なのです。

風の子会は 40 年ほど前、4 人の脳性まひの人と 2、3 人の健常者の友達同士の集まりで始まりました。当時、障害のある人の多くは家に閉じこもっていて一人ぼっち。社会参加もほとんどできない状況でした。「あの家は先祖が悪いからあんな子が生まれたんだ。」などという偏見がまかり通っていた時代です。そんな人を何とか外に連れ出そうと『一人ぼっちの障害者をなくそう』をスローガンに一軒一軒回り、仲間に誘いました。「うちはこれでいいんだ。放っておいてくれ。」、「外に出るなんて無理です。」などという家族や本人を根気よく説得したのです。そして毎週土曜日に都立障害者福祉会館で例会を開き、話をしたり、食事をしたり、電動タイプライターでタイプアートを作ったりの活動を続けるうち、職員を雇って毎日の活動をするようになりました。

風の子会で設立当初から一貫して守り続けているのが『みんな対等の仲間』という風土です。職員を雇うかどうかを相談したとき、あるメンバーは「健常者が職員になると威張るからいやだ」と強硬に反対しました。しかし採用した職員は皆それをよく理解してくれて和気藹々、今のような風土ができてきました。仲良しばかりではありません。ボランティアとメンバーが大喧嘩をして、私は仲裁に入って苦労したこともあります。しかし私は障害者施設というのは本来こうあるべきものと信じています。友達であれば喧嘩はあって当然。でも虐待や差別などは絶対に起こりません。

風の子会は 1981 年に「通所訓練事業」の認可を受け、その後 NPO 法人化し、今は認定 NPO の認証を得ています。法的には障害者総合支援法に基づく「生活介護」＋「就労継続支援 B 型」の複合型通所施設です。このように「障害者施設」として運営は安定してきたのですが、法律に縛られる面も出てきました。施設としての義務履行、安全性確保、国や自治体からの助成金受給のためには法律の規定は守らなければなりません。しかし風の子会の風土とは合わない点が多々あるのです。例えば、「生活介護」と「就労継続支援 B 型」の作業場ははっきり分けなさい、と指導されます。でもメンバーはどちらの所属であっても活動はまったく同じで、お互いに顔が見える部屋でおしゃべりをしながらです。この相反する問題は作業場を低い衝立で区切って何とか両立するようにしていますが、他にも工夫が必要なものも多く、今後の課題となっています。風の子会はこれからも独自の風土を守りながら、障害のある人の社会参加のために活動を続けていきます。

第6章

運命を切り拓く、今までもこれからも

周藤 穂香・周藤 美保*

私の娘（穂香）は、1992 年に群馬県桐生市で生まれました。異常なく生まれましたが、1 歳 6 か月検診の時にひとり立ちができなかったため、自主的にリハビリを開始しました。小学校 3 年生くらいまでは授業中に活発に発言し、歩行器を使って歩いて登校していましたが、徐々にまひが進み、現在はほぼ全介助の状態です。地域の小・中学校を卒業し、特別支援学校高等部へ進学しました。卒業後は、週 5 日生活介護施設にてサービスを受け、休日はほとんど「ボッチャ [1]」の練習をしています。2013 年から本格的にボッチャの練習に力をいれており、2017 年には日本代表として、タイワールドオープン大会に出場しました。パラリンピック出場を目指して練習に励んでいます。

*本章は、周藤穂香の母である周藤美保が執筆しました。

1. 力のみなもと

2017年、まだ日が昇らない5時頃の始発電車に乗って、大阪まで通うこと1年。パラリンピック競技であるボッチャの日本ボッチャ協会強化指定選手に選ばれて、毎月新幹線で練習に行きました。車いすの移動では、電車の出発時間30分以上前に到着していなければならないため、13時の練習開始に間に合わせるのには、どうしてもこの時刻になってしまいます。車いすに大きなカバンと旅行道具をあちこちにつけて、帰りは終電の新幹線で夜中の12時頃に家に着くことも多かったです。周囲からはとても大変そうに見えたことでしょう。でも、穂香は全国から集まってくる仲間との共同生活と練習をいつも楽しみにしていましたし、平日移動のため通勤通学で混み合う電車に乗って、顔見知りの乗客ができたり、駅員さんに「がんばって！」と応援されたりすることにも、笑顔が生まれて嬉しそうでした。

合宿や、普段の練習で、9時から18時すぎまでの長い間ずっと集中を切らさずに挑み、充実した時間を過ごす、こういった我慢強さや、ちょっとしたことからでも楽しみを見つけられる力はいつでも穂香を元気にしてくれていますし、一緒にいる私にも幸せを感じさせてくれています。

思い通りに動かない身体に腹を立てながらも乗り越えてきたものがどんなに大きかったか、母である私も想像できないくらいですが、

---

1) ボッチャとは、ヨーロッパで生まれた重度脳性まひ者もしくは同程度の四肢重度機能障害者のために考案されたスポーツであり、パラリンピックの正式種目の1つです。ジャックボールと呼ばれる白いボールを目標に、赤いボールと青いボールをそれぞれ6球ずつ投げたり、転がしたり、他のボールに当てたりして、いかに近づけるかを競います。障害によりボールを投げることができなくても、ランプを使い、自分の意思を介助者に伝えることができれば参加できます。

その経験こそが穂香にその力をくれたのだと思っています。穂香は、健康で体力もあったため地域の小学校を選ぶことができ、地域のお友達やそのご家族、ご近所の方々を中心にとても貴重な時間を過ごすことができました。山あり谷ありも良い思い出です。

写真 6-1　幼稚園の運動会

2．どうして地域の小学校に入学したのか

今までの人生を思い起こせば、穂香にとっても私にとっても一番大変な時期は義務教育期間[2]でした。保育園時代に生き生きと伸び伸びとお友達と過ごしてきたので、小学校も当然に地域の小学校に入学しようとしていました。当時は、それが「特別なわがまま」と多くの方には見えたようです。私たちの考えは間違っているのだろうか？とも

---

2) 義務教育期間は、教育基本法にて定められており、小学校 6 年間、中学校 3 年間、合計 9 年間となっています。

思い、「児童の権利に関する条約（子どもの権利条約）[3]」や、「障害者の機会均等化に関する基準規則[4]」で障害を持つ人の権利を勉強したり、ネットで全国の障害を持つ保護者と情報交換したりしました。また、桐生市障害者計画で宣言されている「障害者が障害のない人と平等で対等な個人として地域社会の中で、人権が尊重され、障害の程度にあった能力を活かし、自立して生活するとともに活動のできる社会「ノーマライゼーション[5]」の実現をめざします。」という言葉を読んで、間違っていることをしているわけではないのだけれど、全国的に前例が少ないことなのだということを知りました。

就学前に教育委員会の方と何度も話し合いがもたれ、「お子さんのためですよ」と特別支援学校入学を強く勧められました。教育委員会の方は、「将来のためです。お母さんは娘さんのことを真剣に考えていないのではないですか？あの学校（特別支援学校）に行った方が幸せですよね。」と説明しました。桐生市には群馬県内に２校しか

---

3)「児童の権利に関する条約（子どもの権利条約）」は、子どもの基本的人権を国際的に保障するために定められた条約です。18歳未満の子どもを権利をもつ主体と位置づけ、大人と同様ひとりの人間としての人権を認めるとともに、成長の過程で特別な保護や配慮が必要な子どもならではの権利も定めています。前文と本文54条からなり、子どもの生存、発達、保護、参加という包括的な権利を実現・確保するために必要となる具体的な事項を規定しています。1989年の第44回国連総会において採択され、1990年に発効しました。日本は1994年に批准しました。

4)「障害者の機会均等化に関する基準規則」とは、1993年12月の国連総会で採択された障害者の社会参加や機会均等化、アクセシビリティ、教育などさまざまな分野にまたがる国際的な基準、ルールを示した規則です。

5) ノーマライゼーションの理念は、1950年代、デンマークで形成されました。当時、知的障害者が施設の中で非人間的な扱いを受けていることを知り、その親たちを中心に、その状況を改善しようとした社会運動からはじまりました。「どのような障害があろうと一般の市民と一緒に居住し、同等の生活と権利が保障されなければならない」という考え方です。

ない特別支援学校（肢体不自由）のうちの１校があるため、教育委員会の方は、どうしても私を説得しようとしていたのだと思います。

教育委員会の方の言葉からは以下のようなたくさんの疑問が生まれました。

「将来っていつのことだろう、特別支援学校を選ぶことで何か保証されることがあるのかしら」

「ずっとそばにいる私が真剣に考えていない？そうだったら話し合いもするはずがないのに」

「幸せは、誰かが決めるのではなく本人が感じるもののはず」

私は考え抜いた末に、足利の書道家、相田みつをさんの「幸せは、自分の心が決める」という言葉を思い出し、「幸せ」はどんなことであれ、穂香が感じて決めることであり、私は穂香の「幸せを感じる心が育つ」手伝いをするしかないとはっきりわかったのです。

「幸せを感じる心」ってどうやって育つのでしょう。周りの人が感じることを与えても、本人が同じように感じるとは限りません。コピーして渡せないもの、本人の中から生まれるものだと思います。

保育園時代に、トイレや階段など介助していただきながらも、他の子供たちと同じ経験をさせていただきました。歩けない穂香をおんぶしながら、赤城山などの数々の登山、忍山川などの数々の川遊び、芋ほり、スイカ取りなど、どこにでも一緒に連れていっていただき、同じ感動を味わい、同じ思い出を作ることができたのです。保育園入園以前は引っ込み思案であまり笑わない子でしたが、みんなと同じ体験ができたことで、自分に自信が持てるようになり、どんどんと外に向かって解放されていったのを感じていたため、小学校入学後も同じような期待を持っていたのです。

あるとき、就学の相談でへろへろな気分の私の前で、歩行器につかまりくるりくるりと回っているので「何をしているの？」と聞くと、

「バレリーナしているの」と言っていました。こういった「自分もできるかもしれない、やってみよう、自分もできた！」という積極的な行動の源は、みんなと一緒に遊びたい、一緒に歩いていきたいという気持ちで、みんなが挑戦するから私も頑張れる、とお友達の存在がとても大きいことを証明しているように思えました。

「幸せを感じる心」は、同年代の子供同士の中で、学びあったり、ぶつかり合ったり、泣いたり、笑ったり、痛かったり、くすぐったかったり、さまざまな経験をして育つのではないか、そしてそれができるのは、小学校のような幼い時期は日常生活の中にある地域の学校なのではないかと思いました。気持ちの整理ができた後、教育長宛に要望書を書き、内容証明の郵便で送ったり、話し合いを続けたりした結果、ようやく地域の小学校就学が決まりました。

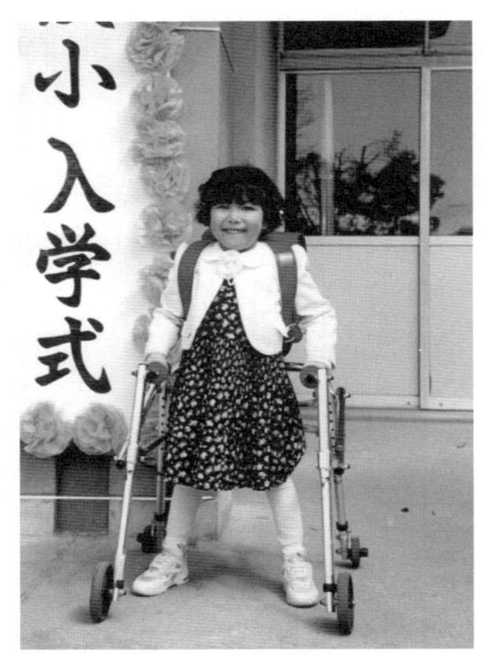

写真 6-2　小学校の入学式

3．問題は山積み

それでも、無理やりこじ開けた道筋のようで、入学のための準備をしている頃、ある人との会話でとても傷付いたことがありました。

「地域の小学校に通わせて、私の子供は普通ですと言いながら（そのように考えたこともないのに）、障害者マークの駐車場を使ったり、税金や高速道路で得をしたりと障害者だけの特典を使うなんて『いいとこどり』だね。」

「特別支援学校に行かないのは、特別支援学校に通う子供たちを差別しているからじゃないの？」

本当に落ち込み、同じように思っている人は多いのだろうなという、悲しい確信を持ちました。障害や障害者に対する理解が足りないためだと思っていても心に残った傷は今でも痛いです。

入学後、やはりそうかと感じることがありました。入学に伴い顔合わせをしましょうということで校長に呼ばれた時のことです。開口一番「思っているほどいいところじゃないよ。」と言われました。これが、これから入学しようとする私たちに対する言葉です。校長は「特別支援学校ほど手厚い対応ができるわけではないから」というお気持ちを言おうとしたかもしれませんが、私たちがここを選んだ理由をできるだけ理解してもらい、穂香が楽しく学校生活を送っていけるようにと願っていたので問題は山積みのように思われました。

入学するとすぐに親の介助の問題が起こりました。校長は「できないこと」は迷惑で危険なことと、とにかくいつでも誰か介助が付いていなければならないという考えに固執していました。「できないこと」とは、トイレや階段などだけでなく、短い休み時間の間の教室移動や着替え、給食なども含まれます。つまり、一日中付き添っていてほしいとのことでした。より明確にいえば、学校が必要としているのは、「親」ではなくて、「介助する人」です。

ここで確認しておきたいことがあります。学校で行われる活動、すなわち給食、移動、トイレなどは「教育」でしょうか？あるいは「介助」でしょうか？そのような活動は障害の有無に関わらず教育環境として、学校側が中心に考える問題だと思います。このように考えると、教育活動にともなって行われる介助は「障害を持つ子供の保護者がすべきこと」ではなくて、子供の健全な学習活動と安全な学校生活を守るために「学校が必要だから、学校が中心に（必要に応じて保護者も協力するが）考え、介助員配置を行政に要望すべき問題」だと思います。そう訴え続けましたが、当時は全くわかってもらえない状況でした。

さらに、私は、親が一日中付き添って学校にいるのは、本人にとっても周りのお子さんにとっても良いことではないと考えていました。後には、先生方も同じように考えてくださっていましたが、そのようになるまで長い時間がかかりました。保育園時代の様子を見て確信を持っていましたが、子供たちは、親から離れることでいろいろな人とのふれあいが生じ、その中で、さまざまな思いや考えを持ちながら、大きく成長することだと思っていました。それは、穂香のみではなく、障害のない周りのお友達にとっても同じだと強く思います。最近は、そのように考える先生も増えているようですが、当時はそうではなかったため、物理的な問題とともにそのような心理的な問題解決がより大変でした。

4．楽しい通学路

大人があれこれしかめっ面で話し合いをしている日々のなかでも、穂香は学校に行くのをとても楽しみにしていました。通学路も自分の力で通いたいと言うので、毎朝歩行器につかまって歩き、私も一緒に登校しました。

穂香は自立歩行ができないため5歳の夏から歩行器につかまって歩き始めましたが、初めのころは10メートルほどでも「疲れた」と言っていましたし、通学路は坂道が多くて大変そうなので、歩いて登校するなんて当時は想像できませんでした。ところが、入学以来、1キロ弱の通学路を歩行器で歩いて通うと言うのです。庭先の犬に吠えられたりしながら、お友達と「グリコじゃんけん」をして帰ってくる姿は生き生きとしてとても楽しそうでした。

ご近所の方も穂香を見つけると「がんばってね」と声をかけてくださり、砂利を掃いてくださったり、道の段差がなくなるよう工夫してくださったりとあたたかく応援してくださいます。気になる小石や草花のもとに自分の足で近づき座って観察しながら、四季の移り変わりを肌で感じることができる通学路は、穂香にとってどれほど強烈な刺激だったでしょう。ねこじゃらしを手に持って、私の頭に止まったとんぼを見て笑っている顔を見て、ご近所の人もみんな笑顔になる、そんなあたたかな時間を過ごしました。

5．できる限りの工夫

学校生活では、お友達とはすぐに仲良くなりました。私たちは入学に合わせて引っ越してきたので、幼少時代からの知り合いはいなく、地域でも障害を持つ子供はいませんでしたが、「障害を持つお友達がクラスに入った」ということは子供たちにとって大きな問題ではなかったようです。それなのに大人たちはドラマや書物などで肢体不自由の人を見かけていても、現実にはどのように接したらいいのかわからなくて、わからないからあらゆることに不安を持ち、先のことばかり考えて心配してきました。その結果、あれこれが「できるから、させる。できないから、やらせない。」という話し合いが何度あったでしょう。ですから、学校生活の中で工夫できることはこちらからいろいろと提案しながら解決しました。少しご紹介しようと思います。

① 靴選び

足の緊張が強く、靴に足の指がひっかかってしまい、履かせるのが大変なため、普段履くものはなるべく指先に近い方まで大きく開くマジックテープのものにしていました。学校内は規定の上靴がありましたが、交渉して市販の運動靴を使用することにしました。また、靴の脱ぎ履きを自分でできるように、かかとに部分に指をひっかけるための輪を縫い付けたら、これにより介助もしやすくなりました。

② ぞうきんの工夫

当時、ハイハイの移動は可能だったのでぞうきんがけはできたのですが、力が入りにくく滑って落ちてしまいました。そこで、ぞうきんにポケットを２つ付けて手が入るようにしたところ、自分で進めるようになり喜んでいました。

③ 泥汚れを防ぐ工夫

「総合学習」という時間の中で「畑で作物を作る」という課題がありました。そこで、畑に座って泥だらけになっても良い工夫を考えました。大人用のカッパのズボンの裾をしばり、靴の上からすっぽり履かせてもらいます。これで着替えの手間が１つ減り、雨天の野外活動にも使いました。

④ 粘土

指の力が弱く、ちぎる、ひねりだすことが難しいので考えたのは、塊りにしないで、ひも状にしたり、平べったく伸ばしたりして使うことです。塊からちぎるよりも力が少なくて済みます。しまうときにはクルクル丸めてケースに入れておけば次回も使いやすかったです。

⑤ 線を引く

左手で線引きを押さえながら右手で線を引くのはなかなか難しかったです。押さえておく方の手に力が入らないので、三角定規を使わせていただくと面が大きいので動きにくくなりました。製図用の大きい三角定規で長い線も引けました。

⑥ コンパス

コンパスもできなかったので軸を太くしました。ティッシュを巻いてその上に滑り止めも兼ねて太めの輪ゴムを巻きました。見た目は良くなかったですが、穂香はこれできれいな円を描けるようになりました。針の刺さるような柔らかいビニール製の下敷きを使うとずれなくて良かったです。

工夫の方法は、口頭だけではなく、絵に描いて説明する時もありました。例えば、体育授業での縄跳びの参加やボール競技参加などいろいろな場面で工夫することを絵に描いて先生に説明するとすぐに実践してくださり、周りのお友達と一緒に活動を楽しめるようになりました。

こういった工夫は、学校生活が進んで、先生方と今後のスケジュールの確認ができたり、授業内容をあらかじめ相談していただいたりすることによってスムーズになっていきましたし、介助体制についてもどんどん居心地良くなっていきました。「介助は必要な時とそうでない時があり、工夫で過ごせることもある。体育や図書などの移動を必要とする時間割を変更して先生が対応しやすくすることもできる。親は、他の子どもたちのためにもなるべく学校にいないほうが良いのではないか？」という課題が、学校との話し合いの中で出てくるようになりました。また、「行政の責任は強く感じているので、引き続き介助員を増やす交渉をしていきます。誰が担任になっても子供たちを守っていけるように『学校として』支えていくようにしていきたいです。」とお話ししてくださり、私たちも協力して頑張っていこうと思いました。

入学当初は、何でも「親」の責任のような雰囲気がありましたが、先生方の穂香に対する理解が高まることにつれて、学校側のリーダーシップを持って教育活動を取り組むようになりました。

6．「できないこと」をどう受け止めたらいいのか？

そんな明るい兆しが見え始めた１年生の時の６月、夕方に気が付くと穂香が倒れ、意識を失っていました。発作でした。慌てて近くの小児科に抱きかかえて走り込みましたが、結局そこから救急車で運ばれて１週間入院してしまったのです。介助については学校の理解が少しずつ進み、私の職場にも理解していただき、仕事も安定してきたので一応落ち着いていたのに、この後、新たな問題が起き、むしろ、穂香が歩けないこと以上に大きな問題になって行きました。

介助は、時間割によりローテーションを組んでいただき、私は必要な時に行く体制になってきて、それに慣れてきた７月 15 日、学校でてんかん[6]の発作が起き、救急車で運ばれるという事件が起こりました。流しの掃除でつかまり立ちして一生懸命にやっていたようです。1年生だったので6年生が一緒に掃除していました。様子を見ていたらフワッと倒れてきたので支えてくれたそうです。そのお陰で頭を打つことがなく助かりました。病院についても発作は続いて入院となりました。

その後、発作は治まりません。薬の種類が変わったり、量が増えたりして副作用により全く授業にならない状態になってしまったのです。

担任の先生からの連絡帳にはほぼ毎日「これがひとりだけできませんでした。居残りでさせました。ずっと眠そうでつらそうでした。」という言葉があり、テストも0点を取ってくることもありました。暴走するてんかん発作を抑えるため7歳の小さな体に対しては強い薬でしたが、使わざるをえませんでした。何しろ本人に合う薬が見つかるまでは実験のように量や種類を変えていくしかなかったのです。眠っているように見えても本人は戦い続けていました。けれど、学校生活では1時間目から給食時間まで保健室で眠ってしまい授業を全く受けられない状態になってしまい、外から意見を言われるまでもなく「学校に行く意義」をグラグラと揺らしました。

2学期になり、学校のペースに全く乗れずにたびたび救急車で運ばれる騒ぎを起こし、勉強もできなくなってしまった穂香を見て、

---

6) てんかんとは、脳の細胞が通常とは異なる活動をすることで引き起こされる慢性疾患の1つです。てんかん発作は、脳の一部分が興奮しておこる「焦点（部分）発作」と脳の大部分または全体が興奮しておこる「全般発作」、両者に分けられない「分類不明の発作」の大きく3種類に分けられます。てんかんは脳の問題であり、発作時に脳の損傷による体の機能低下が発生する場合もあることから、注意が必要です。

担任の先生から「学校の生活がストレスになって発作が起きているのではないか？少人数の、穂香ちゃんのペースで過ごせるところの方がいいのではないか？」と特別支援学校への転校を勧める言葉が日に日に増えていきました。

特別支援教育を否定しているわけではないですが、穂香にとって「今」必要なこととは違う気がして毎日悩んでいました。家庭ではさまざまな工夫をしながらゆっくりと基礎を教えつつ、担任にはたびたび「穂香には１年１組のみんなが必要だ」ということを伝えていくしかありませんでした。病気や障害などの問題のない子供たちと比べたら、できないことが目についてしまうかもしれません。しかし、成長する速度が遅いだけで、穂香は確実に育っていました。穂香の持っている時計が他の子供たちよりもゆっくり進んでいるためにできるようになったことが「当たり前」と思われて霞んで見えなくなっているだけだと思いました。担任は「勉強も介助も自立も、すべてが中途半端になってしまわないか？」と心配してくださいましたが、その中途半端さこそ幼少時期に地域の学校で育つ良さなのだと思っていました。

それは穂香だけではなく、周りの同級生も一緒だと思います。たとえば、授業参観でこんなことがありました。学習発表会の形式で進められて、国語の教科書をグループで分けて読んだり、縄跳びなど得意なことを披露したりする中の「アルプス一万尺」の手遊びをするという場面で、穂香を含めて３人が立候補したのです。私は「まひがあってできないというのに、どうするのだろう」と心配して見ていました。しかし、相手のお友達がペースを合わせてくれて楽しそうに終わり父兄からの拍手を受けると、３人ともうれしそうな顔が輝いていました。また、担任が校外学習の説明していると子供たちの方から「階段のある道があるのに、穂香ちゃんはどうするのですか？」と質問が出たそうです。どこにでも一緒に行く、いつでも一緒にいるクラスメイトの一人としてみんなが心配してくれたのです。こういう行動や考えは教え込んだからできたのではなく、子供たちから自然に生まれることだと思います。

穂香が国語の授業で書いた「私の宝物」の作文では「わたしのたからものは１年１組のみんなです。」と書かれていました。穂香が思うようにいかないことはたくさんあり、小さな心はどんなに痛かったかと思いますが、穂香にとって元気の源になっている学校ではじめの一歩ができた１年でした。

7．特別扱いと特別な配慮

気持ちを新たに始まった小学校２年生の生活。てんかんの発作は１年生の終わり頃にようやく適合する薬の種類と量が決まり、全く起きない日が続くようになり、生活が安定してきました。教室は２階になり、送迎時には背負って階段を上り下りするため少し大変になりましたが、職員室、パソコン室、図書室など行く機会の多い場所が同じ階にあるため、穂香１人で行くことができる範囲が広がりました。１学期が進むと、休み時間に介助の先生の知らないうちに友達同士で出かけてしまうこともしばしばあったそうです。新担任のことについても「怒ってても、かっこいいんだよ」と話すほど大好きなようで自由帳に先生の笑顔の絵が描いてあるのを見つけて嬉しく思いました。この担任の時には「特別扱い」と「特別な配慮」の違いをはっきりした形で体験することができました。

例えば、こんなことです。プールが始まる前、打ち合わせがありました。その中で担任が「プールはお天気次第というところがあって、めったにないことだとは思うが、介助の先生がお休みした日などで、どうしても介助が無理な場合は見学ということでよろしいでしょうか？」と聞かれました。でも、実際にそういう場面になったとき、この担任はちゃんと「特別な配慮」をしてくださいました。ある日、介助の先生が体の具合が悪くてプールに入れなかった時に、担任が介助に付きながら指導をしてくださったそうです。そのことは介助の先生から聞き、担任からは話がありませんでした。きっと、報告するまでもないことと判断したでしょう。また、介助のいない日に校外に生活科の勉強に行ったときには「やれるときはやって行こうと思うので、大丈夫です。」と付き添いは頼まれませんでした。障害があることで先走ってあれこれと考えて制約してしまっても、実際にやってみればなんてことないということは、その担任が一番感じていたのかもしれません。

そして、何よりうれしかったのは通知表です。1 学期終了を 1 週間後に控えた土曜日、担任よりお話がありました。「体育の評価について、到達度での段階別の評価では穂香ちゃんの意欲を表してあげられないので、紙を貼って僕の言葉で評価するということにしたいのですが、どうでしょうか？」とおっしゃいました。本当に感激しました。穂香にとっても私たちにとってもどんなに励みになり、いい思い出になることでしょう。その担任の評価は、「できないこと」を表すよりも「がんばったこと」を認めてあげたいという担任の気持ちが伝わる、すばらしいものでした。

担任が体育主任でもあったためなのか、運動会でも工夫していただき楽しく終わりました。基本的には車椅子で 6 年生がお世話してくれて、徒競争のみ歩行器での参加でした。6 年生へのしっかりした指導もうれしかったのですが、それにも増して、穂香のためにグラウンド整備までしていただきました。歩行器で走りやすいように走路を平らに固めてくださり、さらに前年は許されなかった砂を掃くことも、介助の先生がやってくださるというのです。もちろん校長の公認でした。気持ちだけいただいて、結局は私が掃きましたが、とてもうれしく思いました。

また、結果としてですが、グラウンド整備して走りやすくなったのは、穂香だけではありません。「穂香のため」が付くと「しょうがないなぁ」という気持ちになるのかもしれませんが、考え方を変えて「子供みんなのため」とすればすぐに動けることというのはたくさんある気がしました。バリアフリー[7]やユニバーサルデザイン[8]の基本はこのようなことではないかと実感した出来事でした。

この頃には私も学校に行って温かさを感じるようになっていました。校長や担任外の先生もお会いすれば「今日もお元気ですか？」と声をかけてくださるようになってきたのです。

ある日、私が教務主任に質問しました。「先生方の転勤によってこの雰囲気は変わってしまうのでしょうか？」と。先生は迷いもなく「この学校が良いというなら、それは先生ではなくまさに子供が良いのです。子供が良いということはそこにいる大人たちが良いということです。地域の人といっぱい関わって良いつきあいを築いて下さい。」とおっしゃいました。私はとても感激しました。先生方も親たちも、

---

7) バリアフリーとは、「高齢者や障害者が社会生活を送る上で障壁となるものを取り除くこと」で、建物などの段差や仕切りをなくし、車椅子などが走行しやすいようにすることを指します。現在では設備だけにとどまらず、社会制度、人々の意識、情報など、さまざまな障壁を取り除くことも含みます。

8) ユニバーサルデザインとは、文化・言語・国籍や年齢・性別などの違い、障害の有無や能力差などを問わずに利用できることを目指して「はじめから、誰にでもやさしい商品や環境であるためのデザイン」のことで、障壁をなくすという発想ではなく、あらかじめ障壁のない設計を当たり前にしようとする考え方です。

子供たちから「わかろうとする心」を感じ、自分たちの「わかろうとする心」に訴えかけられて少しずつ変わってきたのかもしれません。それこそ、「特別な配慮」そのものなのでしょう。

8．地域とのかかわり

5年生の夏休みになって、穂香と次女を特別支援学校に通う肢体・重複障害を持つ子どもたちが集まる遊びの会に連れて行きました。その日はペットボトルで作った楽器で音を楽しんだり、紙芝居を聞いたりする活動だったのですが、みんなの輪がとても温かいので驚きました。場のやさしさを感じるのです。みんながみんなを受け入れている心地よさ、やすらぎがありました。それは「人はみんな違う。いろいろがあって当たり前。」という余裕から生まれているものだ思いました。帰りの車の中で、穂香も次女も「おもしろかった」「ホッとした」「また行きたい」などの感想を言っていたので、やはり同じことを感じるのだなと思いつつ、いつか、地域の小学校の子どもたちが仲間に入っても、一緒に楽しめるといいな、と思いました。

ところが、その「いつか」はすぐにやってきました。私たちの住む地域で市主催の「通学合宿」という企画が持ち上がりました。5日間を公民館で家のように寝泊りして学校に通うのです。料理も地域の方々と一緒に作り、お風呂は協力者の家庭のもらい湯をするというのです。

このお知らせが届いてから、穂香は毎日「行きたい、行きたい」とせがみました。けれど、地域の方に面倒をかけるのは気が引けて「無理かなあ」とたしなめていました。そんなある日、穂香が私宛に手紙を書いてきました。行きたい理由とともに「行かせてください。」

の文字が赤字で書かれています。私はとても心を動かされました。それで知り合いに相談したところ「学校の行事じゃないのだから深く考えないで、心配だったらついていけば。」との返事でした。「あぁ、そうか、手伝いに行こう。」ととても心が軽くなったその日、地域の方からお誘いの電話をいただいたので驚きました。

心配していたことをお話ししたら「安心して任せてもらっていい。自分たちにとってもいい体験ができる機会だから。」というお言葉でした。何よりも穂香を一人の地域の子として歓迎してくださったことに、涙が出そうでした。

その後、市の職員の方から「穂香さんのことで一度会ってご相談したいです。」という電話が来たとき、私は「またか」と思い、今までの学校とのやりとりと同じだろうと腹をくくって話し合いに向かいました。ところが、その方は、「穂香さんには大変なことがあるかもしれませんが、できる限りのことはします。参加してくださってありがとうございます。」とおっしゃるのです。「こういうお子さんが一緒にいると、みんなが優しくなれるんです。山に登ると人はみな優しくなれるのと同じです。わっはっは。」とのことでした。打ち合わせは、日常生活の朝から晩までの「工夫が必要なこと」「注意すること」を説明し、それぞれに「ああ、こうすればいいのですね。こういう場面ではこうやって工夫しましょう。」と、今までに体験したことのない前向きな話ばかりでした。その方は、教育委員会の社会教育係の担当者だったのです。その日、穂香の就学相談時から教育委員会に対してよい思い出を持っていなかった私は、「教育委員会にも自分の仕事に生きがいを持って、ノーマライゼーションを正しく理解して役立てている人がいるんだなぁ。」とちょっと驚きました。

この合宿では、寝泊まりは合宿のように低学年から高学年までの子供が一緒に公民館で休み、食事を一緒に配膳し食べて「行ってきまーす！」と元気な声で通学しました。先頭を歩く６年生が逞しくみえました。休日には野鳥が入る木箱をプロに教えていただきながら作って、山登りをし、樹木にとり付ける活動したり、日々わくわくすることばかりでした。また、そのすべての活動は有志のボランティアが対応してくださって、私が穂香の介助をすることはありませんでした。こうして50人くらいの、年齢も性別もバラバラな子供たちとともに、親の手から離れた充実した時間を体験することができたのです。ボランティアの方々は、「やってあげます。」という感じが全くなく、一緒に楽しんでいる、素晴らしい時間でした。

９．中学校と高校の選択

６年生になって中学校進学を検討しました。学区内の中学校と特別支援学校を見学させていただいたり、実際の授業に参加させていただいたり、何度も穂香と一緒に行って相談した結果、穂香が地域の中学校に決めました。中学校では吹奏楽部に入り、３年間いろいろな演奏会に参加することができました。雨が降っても寒い冬でも部活動が行われましたが、いつも楽しんでやりとげたことは、今の穂香の「諦めない強い心」の種になっていると思います。

高校も通常学校を考えていましたが、穂香のまひはかなり進んできていて、言葉が不明瞭であり、手足の硬直が強く普通授業を受けるのが難しくなっていましたし、本人が「高校は私と同じ障害を持った友達を作りたい」と言うので、特別支援学校の高等部に進学しました。自分の動作にじっくり時間をかけたり、話を根気強く聞いてくれたりする環境になって、穂香もホッとしたようでした。

紙面の関係上、本書では、中学校と特別支援学校のことを省略しますが、特別支援学校の先生の中でも、今でも感謝している先生方がいます。卒業時には、今後の生活の場を先生方に見つけていただき、次のステップに入ることができましたし、いつも温かいお言葉で支えてくださいました。

10. 成人式での再会・再出発

成人式の日。久しぶりに会う同級生たちのことをちょっぴり心配しながら、特別支援学校の恩師に着付けてもらった着物を着て市のお祝いの会に参加しました。穂香にもいじめはあり、何かをぶつけられたり、「死ね」とひどい言葉を言われたりして、「学校に行くのが怖いと思った時があった」とのことでした。小学校高学年以上になってからは、学校ではより一層の「速さ」と「努力による成長」が求められるので、成長と逆行している（できないことが増えている）穂香を疎ましく思ったり、または自分自身の問題のはけ口として、ひどい行動になってしまったりしたのかもしれません。ほんの一部の人ですし、同情心が湧くけれど、穂香にとっては心の傷になっていたのでしょう。でも、心配は無用でした。

会場の車いす席に着いたとたん、小・中、それから保育園時代の同級生が穂香を見つけて「一緒に写真を撮って！」と走り寄って来てくれたのです。その中には「ごめんなさい、ごめんなさい」と言いながら写真におさまる子もいて、どうやら「子供の頃に悪いことしちゃった、ごめんなさい」ということのようでした。その日、穂香はとても嬉しそうでした。

成人式後、同級生で「穂香に励ましの色紙を書こう！」ということになったらしく、後日、全員で撮った写真と一緒にごちゃごちゃとサインした（笑）色紙をもらいました。企画した子供からのお願いで穂香が色紙を受け取った写真を送ってほしい、とのことで携帯で撮ったニコニコの写真をメールで送りました。同級生たちはその写真をLINEで回して見たようです。いろいろな子が「穂香ちゃんが喜んでくれた、良かったね」とコメントを寄せていたことを、後にfacebookで知りました。穂香の気持ちはすっかり吹っ切れたようで、成人式以降同級生とfacebookのやり取りを始めました。もちろん、その中には、嫌な思いをさせられた子もいたのですが、心配する私に穂香は「もう、いいじゃん」と言いました。「変えられるのは今から先の未来だけ。」そう思えたからだそうです。

穂香と一緒の時間を過ごしてきた同級生たち。私にとっては、9年間毎日顔を合わせてうちの子と同じように成長を見てきた子。「大人になったね」と心からお祝いしたい気持ちになりました。

11. パラリンピック出場を夢見て

特別支援学校の高等部を卒業してからしばらくの間は、生活介護の事業所に通い簡単な作業をしたり創作活動をしたりして、土日や祝日は持て余し気味にのんびり過ごしていました。

ところが、「ボッチャ」というスポーツに出会ったことで穂香の生活がガラッと変わったのです。あるNPO団体に千葉で行われた日本代表選手の試合を見に連れていっていただいたことがきっかけです。会場では、埼玉県の団体の方に案内していただきました。「あの人が今、日本で一番強い人だよ」と教えていただいたのが、穂香と同じくらい重度の障害を持ちながらもピンク色の道具を使って投球する女性でした。重度障害でまさかスポーツができるなんて思いもしていなかったのでものすごい衝撃でした。「うわーかっこいい！」その真剣なまなざしと緊張感のある試合を見たり、その方が日本代表として海外の試合に参加していることを聞いたりして、一気に夢が広がりました。女性選手が埼玉県在住だったので紹介していただき、その方と埼玉県で一緒に練習できるようになり、充実したボッチャ生活が始まりました。

ボッチャはヨーロッパで生まれた球技で、パラリンピックの正式競技となっています。直径が約８センチの革製の白・赤・青のボールを使い、カーリングのようなルールで行います。障害の種類や重さによって４つのクラスに分かれていて、穂香は一番障害の重いBC3というクラスで戦っています。BC3クラスは、ボールを握ることも投げることも、足で蹴飛ばすこともできない人のクラスなので、普段の生活では全介助の人が多いです。そのため、補助具を使うことが許されています。ランプと呼ばれていてボールを転がす滑り台のようなものと、ヘッドポインターという、頭にかぶって手の役割をするもの、アシスタントと呼ばれる支援者（穂香の場合は私）です。アシスタントは選手の指示に従って、投球する手伝いをします。試合中に後ろ（ボールがあるコート）を振り向くことはできません。言葉を発したり、コミュニケーションをとったりすることも禁じられています。目標ボールへのランプの向きや転がす強さなど、投球に関わる全てのことは、本人の意思だけで行われ、アシスタントはその意思の通りに動くロボットのように用意をします。穂香は「自分の判断や自分の指示でゲームが進むので、『自分がやっている』という充実感をとても感じる」と夢中になりました。

しゃべれない人、酸素吸入器を付けたままの人でも、試合では10メートル先のコートぎりぎりのラインまで、勝負球の白いジャックボールが投球されることがあります。障害を持っていても勝負は真剣、誰に対しても、時間もルールも特別扱いはありません。

2013 年から本格的に競技を始め、日本選手権の予選では北海道や山口、大分など遠いところまで行きました。そして、2016 年に日本のベスト 8 まで勝ち進み、2017 年度の日本強化指定選手となりました。冒頭に書いた通り、合宿に通う道のりは遠かったですが充実した時間でした。

この頃には、練習や遠征試合で知り合った顔見知りの選手や審判員ができ、メールのやり取りが始まっていました。「同じ趣味で、同じ目標を持つ仲間」ができたのです。その関係は、穂香にとって友人とも介助者とも違うものでした。いつもは全国の遠い場所にいて、大会の時にだけ会っても、もう長い間付き合っているようにお互いに声をかけあう仲間です。学校でも生活介護事業所でも「お世話される側」だった穂香が個人として尊重され、対等にまたは純粋な師弟関係で話をし合う仲間。試合のこと、道具のこと、作戦のことなどいろいろ話しますが、生活面で自立している人も多くたくさん刺激をもらっています。

2017 年はその仲間と世界大会に挑みました。タイに着くと、いろいろな場所で「JAPAN ！」と呼ばれ、改めて「自分たちは日本人なんだ」と思いました。それは、今まで感じたことのない感覚でした。そして、感激したのは Youtube でしか見たことのない、世界の有名選手たちと一緒にご飯を食べたり、試合をしたりしたことです。穂香は「試合ができることが光栄で、とても嬉しい」と言っていました。

帰国後は、私たちの活動を応援してくださる方が募金活動をはじめてくださったり、励ましの言葉を多くいただいたりするようになりました。道端で会った方にも「テレビに出ていましたよね、応援しています」と声をかけていただいたり、ある方との出会いから「周藤穂香のボッチャを応援する会」を立ち上げていただくことにもなり、応援する力のありがたさをひしひしと感じています。

写真 6-3　2017 年のタイワールドオープン大会

12. ボッチャ選手として講演を

最近は、県内の小中高の学校から講演会の依頼をいただいています。人権講話として「究極のバリアフリー競技」であるボッチャはとてもわかりやすい題材ですし、子供たちに体験もしてもらえるので、私たちにとっても楽しい講演会になります。

子供たちに「ボールを使う競技なのですが手で投げられない人はどうするでしょう？」と聞くと、「うーん、足で投げる」と答える子がたまにいます。けれど、実際にボッチャボールを足の指に挟んで 10 メートル先まで投げる映像を見せると、「わー！」と声が出ます。次に「穂香のように、手でも足でも投げられない人はどうするでしょう？」と聞くと、考え込んでしまいます。「『穂香のいるクラスは、ボールを転がす道具を使って、お手伝いするアシスタントをつけてもいいよ』というルールになっています。どんなに障害が重くても『一緒にスポーツができるといいなぁ』と一生懸命考えて国際ルールが決まっています。」というお話をしてから、子供たちがボッチャを体験し、その後穂香がデモンストレーションをします。

自分たちでボールを投げても、転がりすぎたり弱すぎたりして、なかなか思うように得点にならないのに、穂香が白いジャックボールにピタリとカラーボールを寄せたとき、大歓声が上がりました。子供たちの感想文にもその感動が書かれていることが多く、穂香は「一生懸命に練習した成果をお見せすることができて良かった」と言います。また、「障害を持っている人は不幸だと思っていましたが、穂香さんがボールを投げた後にニッコリ笑っていたので、僕も嬉しくなりました。」など、穂香も私も嬉しくなる感想を書いてくれたお子さんが少なくないです。

穂香の「幸せを感じる心」はちゃんと育って、その笑顔は周りの人にも伝わっていっているようです。いつかパラリンピックに出場し、今までで一番いい笑顔になれるよう、これからも一緒に努力していきます。

TEA BREAK 

姉が持つ障害に対する捉え方の変化

周藤 潤香

私は、周藤穂香の妹です。これまでのことを振り返ってみると、姉の障害そのものよりも周りからの目や関係性に苦労しました。

幼少期の頃は、姉の障害について特に意識していませんでした。姉の動作も会話も、これが当たり前と認知していたからだと思います。当時、姉は歩行器で歩けましたし、食事も一人で食べられていました。家族と一緒に行ったディズニーランドでは、障害者だからと並ばず優先的に入れてしまい、ラッキーなんて思うこともありました。

小学校に上がり、思春期に近づくとその思いは変わってきます。周りと比べて「普通」ではないことに気が付き始めるのです。普通を求める教育の中で普通ではない生徒は距離を置かれていきます。普通ではないから、という理由だけで変な目で見られます。記憶にあるのは、社会学習の障害体験をする授業。私のグループは障害者支援施設に見学に行き、そこに通っている人たちと交流をしました。簡単に会話したり、名前を覚えあったり、私にとっては姉と接するのと変わりない感じでしたが、一緒にいた子たちは皆ぎこちない様子でした。緊張していたのかな、それとも関わりたくないのかな、ともやもやした気持ちが残ったのを覚えています。普通ではない子と一緒にいる私も普通ではないとみられるのを恐れて、姉が同じ学校にいるにもかかわらず、あまり関わらないようにしていました。その結果、中高時代は姉とは距離を取り、姉の障害とはちゃんと向き合ってきませんでした。

ところが、私が大学に入り一人暮らしを始めると、今までの生活との違いを自覚しました。一人で行動するのは、なんて時間がかからないんだろう、と感じました。「ちょっとそこまで」行くのに私なら靴を履く 1 分もあれば出かけられます。しかし姉は靴を履き、車いすに乗り、タオルをかけ、と 10 分程度かかります。エレベーターを探したり、お店の中がバリアフリーなのか確認したり、都度確かめることも多いです。実家にいるときは、姉が歩けないことやうまく会話ができないことは当たり前のように受け止めていましたが、一歩外に出て自分の行動と比較すると障害があるのだなと気づかされました。

その後、社会人になり時間の余裕ができた私は、いつの間にかボッチャというパラリンスポーツを始めた姉の手伝いや試合を見に行くことが増えました。今まで見たことのない真剣な表情をしていたのを覚えています。アジア大会に同行したときは、さまざまな障害をもつ世界中の人たちとともに試合に取り組み、喜んだり悲しんだりし、また対戦相手と交流をしていました。今までにはなかった姉の一面を知ることで、受け身ではない障害者のあり方を見た気がしました。切磋琢磨できる仲間や目標を持つことで、今まで以上に良い表情をするようになった姉の活躍をみて自分も頑張らなければと奮い立たされました。

姉がボッチャを始めたことで、私も姉の障害に対する向き合い方が少し変わったような気がします。例えば、他人に「ご兄弟は？」と尋ねられたときの返答です。今でも多少身構えますが、前は聞いてほしくない質問の一つでした。相手は気軽に仲の良さなどを聞こうとして、姉が障害者とわかると急に申し訳なさそうな顔をするからです。現在はボッチャ選手と答えることで私自身も相手も姉をスポーツ選手として捉えられるようになったと思います。

一方で障害者の妹として心配していることは、将来です。姉の世話を中心に見ている母や周りの人達が手助けできなくなってしまう場合、姉がどう生きるのか、私はどのように関係していくのか、まだわかりません。今まで意識しないようにしてきた分、姉の障害がどういう速度で進んでいるとか、姉が自身のことをどう考えて将来を見据えているのか興味を持って聞いたことも話し合ったこともなかったなと思います。

今、ボッチャに取り組んでいる姉はとても格好良いですし、その姿から夢や目標は本当に人を成長させてくれると実感します。これからは、もっとやりたいことや将来などを今まで話し合ってこなかった分、共有しあえる関係になりたいです。

TEA BREAK 

パラリンピックとクラス分け

任 龍在

1．パラリンピック

パラリンピック (Paralympic Games) は、国際パラリンピック委員会 (IPC) が主催する、世界最高峰の障害者スポーツの総合競技大会です。オリンピックと同じ年に同じ場所で開催されます。現在、パラリンピックは、障害者スポーツ大会の中で最も知名度が高く、デフリンピック（聴覚障害者）やスペシャルオリンピックス（知的障害者）とは異なる理念と歴史を持っています。

パラリンピックの起源は、ルードウィッヒ・グットマン（Ludwig Guttman, 1899年7月3日~1980年3月18日）の提唱によって、1948年7月28日にロンドンオリンピックにあわせて、ロンドン郊外のストーク・マンデビル病院内で開かれたアーチェリーの競技会にさかのぼります。これは、第2次世界大戦で主に脊髄を損傷した患者（英国退役軍人）のリハビリの一環として、「手術よりスポーツを」という理念で始められました。当時の目的は社会復帰を進めるためのリハビリにあり、福祉的な側面が強かったと言えます。しかし、パラリンピックの知名度が高まるにつれ、徐々に福祉的な側面よりも競技的な側面に注目が集まるようになっていきました。現在、パラリンピックを純粋なスポーツ大会の一つとして認識している方々が多いと思います。

2020年東京パラリンピックでは、22競技539種目が実施されます。以下に22競技を紹介します。どれだけ知っているか、数えてみてください。アーチェリー、陸上競技、バドミントン、ボッチャ、カヌー、自転車競技、馬術、5人制サッカー、ゴールボール、柔道、パワーリフティング、ボート、射撃、シッティングバレーボール、水泳、卓球、テコンドー、トライアスロン、車椅子バスケットボール、車椅子フェンシング、車椅子ラグビー、車椅子テニス。大学生を対象に調査した結果、ボッチャ、ゴールボール、5人制サッカーなどについてはほとんどの学生が知らない状況であることが分かりました。今後、これらの競技についても関心と理解が高まることを願っています。

2．クラス分け

障害者スポーツには「クラス分け」という制度があります。これは、選手が同じレベルで競い合えるように、障害の種類、部位、程度によってクラスを分けるものです。例えば、陸上競技の場合、まず障害の「種類」を基準に視覚障害、肢体不自由、知的障害などに大別されます。肢体不自由の中でも、脳性まひであるか、手足の切断であるかなどでさらに区分されます。そして、障害の軽重によって種目ごとにレベルが分けられます。このクラス分けにより、重度の障害を持つ方も楽しくスポーツに参加し、パラリンピックのような世界大会で活躍するチャンスを得ることができます。

最後に、読者の理解を深めるためにボッチャのクラス分けを紹介します。より詳細な情報を知りたい方は、公益財団法人日本パラスポーツ協会のホームページなどをご参照ください。

ボッチャのクラス分けの特徴と種目

● 各クラスの特徴 ●

クラス	対象	投球	アシスタント
BC1	脳原性疾患	可（足蹴り可）	○
BC2	脳原性疾患	可	×
BC3	脳原性疾患／非脳原性疾患	不可で勾配具を使用	○（ランプオペレーター）
BC4	非脳原性疾患	可	△（足蹴りの選手のみ）

出所：公益財団法人日本パラスポーツ協会のパンフレット

第７章

チャレンジ精神を持って未来へ歩む

小川 晃生

1988年埼玉県生まれ。中学校在学時、運動会中の不慮の事故により脊髄を損傷し、以後、四肢体幹機能障害のため常時車いすを使用して生活しています。高校卒業後、筑波大学人間学群障害科学類に進学し、障害者の福祉や教育について学びました。学業の傍ら、地域のボランティア活動や学内の障害学生支援スタッフとしての活動を通じて、障害者の社会参加について興味を持つようになりました。また、大学４年次には１年間休学をして、企業の障害者海外派遣事業の研修生という立場で米国に９か月間単身留学をし、現地の大学の障害学生支援について学びました。帰国後は筑波大学大学大学院に進学して特別支援教育を専攻し、特別支援教育学（修士）を取得しました。大学院修了後就職し、現在は総合電機メーカーに勤務しています。趣味はドライブとウィルチェアーラグビーです。

1．私の障害について

四肢体幹機能障害とは、上肢、下肢および体幹機能に障害がある状態を指します。私が受傷した脊髄損傷の場合、脊髄を損傷した部位より先への神経伝達が阻害され、その結果、機能の一部または全部が麻痺します。障害の状態は損傷の程度や部位により個人差があり、例えば下肢を例に挙げると、全く動かすことができない人、足の指先など一部は動かすことができる人、その場で立つことができる人、歩行できる人などさまざまです。私の場合、下肢および体幹（腹筋など主に姿勢を維持するために必要）機能は全廃しており、全く動かすことができません。そのため、立ち上がったり歩行したりすることはできず、常時車いすを使用しています。上肢機能については、腕を動かすことはできますが、肘を伸ばす力が弱く、指は動かすことができません。そのため、物を把持（はじ）するときは両手で持ったり指で挟んだり工夫していますが、重い物を持ち上げることはできません。また、車いすの操作においては、急こう配の坂や大きな段差は自力では登ることができず、大きなバリアとなります。さらには、運動機能以外にも付随する困難さがあり、例えば、発汗することができません。このため、体温を調整する力が弱まっており、夏場は熱中症にかかるリスクが高くなります。汗の代わりに霧吹きを体に吹きかけ体温を下げるなど工夫をしていますが、炎天下で活動する場合はすぐに体温が上昇してしまうため、十分な注意が必要です。その他にも膀胱直腸の機能にも麻痺があるため、排尿や排便は時間を決めて定期的にする必要があり、特に排便については毎回薬を使い腸を動かす必要があるため、一回につき数時間の時間がかかります。このように、目に見える障害のみではなく、見えない部分にも困難さがあります。上記は私の一例ですが、多くの障害者が感じる困難さや不自由さは十人十色ですので、同じ障害であったとして一括りにせず、各人に応じた配慮や対応が求められます。

2．受傷について

私は2003年9月、中学校在学時に運動会中の不慮の事故により頸椎を骨折し、四肢体幹機能障害を負いました。受傷時、意識ははっきりしていましたが、胸から下の感覚が麻痺しており、空中をふわふわと漂っているような不思議な感覚でした。手や足を動かすことができず自力では起き上がれませんでしたので、先生方に担いでいただいて救急テントに運ばれました。救急テントでしばらく安静にしていましたが、一向に回復する気配がありませんでしたので、大きな怪我をしてしまったのかなと不安を抱きつつ救急車の到着を待っていたのを覚えています。病院に運ばれて二日後に手術をしましたが、その間も状態が回復する兆しがありませんでしたので、なんとなく手術をしても完全には治らないかもしれないと漠然と考えるようになりました。残念ながらその不安は的中し、脊髄損傷と診断され、医師から「現在の医療技術では損傷した脊髄を修復することは不可能なため、障害が残る可能性があります。」と告知されました。脊髄損傷、初めて耳にする診断名でしたし、当時の私には説明内容が難しくその詳細までは分かりませんでしたが、もう一生歩けないことは理解できました。ある程度の覚悟はしていましたので、その場で取り乱すことはありませんでしたが、やはり落胆はありました。

通常は可能な限り早くリハビリを開始するために、受傷してから数か月程度でリハビリ病院に転院することが望ましいと言われており、当初は手術した骨が接着して転院先の病床が空き次第すぐに転院という予定でいました。しかし、私の場合、入院中に併発した肺炎や褥瘡（じょくそう）の悪化の影響もあり、入院期間が長期化してしまいました。脊髄損傷者は呼吸機能の低下や感覚の麻痺の影響のため、合併症として肺炎や褥瘡などのリスクが高いことが知られています。こうした合併症を引き起こすと、本来の治療や日常生活動作に支障を来すため注意が必要でしたが、当時の私は知識が不足していたため、リハビリの開始が出遅れる結果となってしまいました。

ようやく半年後にリハビリ病院に転院することになりましたが、この時点では入院の長期化により寝たきりの状態が続いていたため、起立性低血圧がひどく、車いすに数分間座っていることもできない状況でした。復学はおろか家に帰ることさえも到底考えられない心境のまま、救急車に揺られ新しい病院に向かいました。

3．リハビリ―寝たきりから将来への希望を見出す―

新しい病院に転院し、リハビリが始まりました。転院先はリハビリを専門に扱っているリハビリテーションセンター病院で、脊髄損傷のリハビリにおいても実績のある国内有数の病院でしたので、本格的なリハビリを行うことができました。ところで、リハビリという言葉はよく耳にするかと思いますが、単に病気やけがで弱まった運動機能を回復させる治療を指しているわけではありません。リハビリテーション（rehabilitation）は、再び（re）人間らしい状態にする（habilitare）というのが本来の意味で、単なる機能回復のみにとどまらず、患者が自立し社会復帰するための訓練までを指すものです。脊髄損傷を例にすると、失った機能は回復させることが困難ですので、残った機能を筋力トレーニングなどで強化することで失った部分を補い、日常の生活活動能力を向上させる運動療法。さまざまな自助具を活用して、指が動かなくても衣服の着脱や食事をできるようにするといった作業療法を主に指します。運動療法では、単純に筋力を強化すれば何でもできるようになるわけではなく、同時に体の使い方の技術も学ぶ必要があります。例えば車いすへの移乗一つにしても、体幹機能が効かない場合、姿勢を保持することができないため、力を入れ過ぎてしまうとバランスを崩して倒れてしまいます。車いすの置く位置や角度も重要で、運動機能に左右差がある場合は、車いすの向きも考慮しなければなりません。作業療法においても、市販の自助具がいくつかありますが、各人の体格や障害状態によって使いやすい形状などが異なりますので、それに応じて変形させたり全く新しいものを自作したりするなどの工夫が必要です。こうした方法は、専門書などを読んでも書いてあるわけではないため、理学療法士や作業療法士の助言、同じように障害のある方の前例を参考にして自ら考えていかなければなりません。運動療法、作業療法に共通して言えることは、退院後も自ら工夫してあらゆることに対処できるような問題解決能力を身につけることが重要という点です。当然、入院中に退院後の生活を想定したさまざまな訓練をしますが、実際に退院すると全く新しい困難さに気づくことがしばしばあります。外出したら普段使っているトイレと形状が少し違った。普段使っているスロープが工事中で別のルートでアクセスしなければならない。など。そうした問題に直面した場合にも、自ら考えて対処できるような力を備えておくことで、安心して社会に出ていくことができるようになります。

病院ではその他にも、スポーツをする中でリハビリも併せて行うリハビリテーション体育を行っていました。スポーツは運動能力改善に効果があるほか、運動習慣の定着化にもつながります。脊髄損傷者は、退院後に外出の機会が減り、運動習慣が少なくなったために体力や筋力が低下して日常生活動作に支障を来したり、健康を害したりすることが少なくありません。スポーツはこの解決策として一つの良い方法です。実際私の場合、この病院で見学したウィルチェアーラグビー[1)]に興味を持ち、自分で車を運転できるようになってから地域のウィルチェアーラグビーチームに加入して競技を始めることになりました。

脊髄損傷者にとってのリハビリについて述べてきましたが、できないことをできるようにするというのは容易ではなく、リハビリは想像よりもはるかに大変なものです。投げ出したい気持ちになったこともありますが、幸いだったのは、同じ障害を持つ先輩たちが院内にたくさんいたことです。自分と同程度の障害の状態なのに、自分にはできなくて彼らにはできる。そんな光景を目にするたび、自分もやってやろうと奮起することができました。自分の目標とする人を見つけそこに向かい取り組んできたことが、リハビリを乗り越える原動力になったと思います。

---

1) ウィルチェアーラグビー（車いすラグビー）は、四肢に障害のある車いすの選手が出場する団体競技です。選手は障害の程度によって0.5点〜3.5点（0.5点きざみで数字が大きいほど障害が軽い）までの持ち点が与えられ、コート上でプレーする4人の選手の合計が8.0点以内にしなければなりません。ボールは、バレーボール球を参考に開発された専用球を使用し、蹴ること以外の方法でボールを運ぶことができます（投げる、打つ、ドリブル、転がすなど）。通常のラグビーと違って前方へのパスが認められて、ボールを保持して2つのパイロン間のトライラインを越えると得点となります。使用する車いすは、車いす同士の激しいぶつかり合いができる耐久性があり、ポジションに応じた役割が果たせるよう改良されています。

4．復学―通常学校に復学し共に学ぶ―

リハビリのメニューがほぼ終了し、外出や外泊ができる程度まで回復すると退院に向けての道筋が見え、それに伴い学校側と復学の話が出るようになりました。復学に際し、私には在籍していた学校に復学するか、あるいは関連校の肢体不自由特別支援学校に転校するか２つの選択肢がありました。在学中に受傷した他の脊髄損傷者の例を見ても、在学している学校に復学するのが一般的ですが、学校の校舎は当初バリアフリーではなかったため、私が復学するとなると改修が必要でした。私一人のために大掛かりな改修をしていただくのには引け目を感じました。その点、肢体不自由特別支援学校であれば、設備は全館バリアフリーとなっており、車いすでのアクセスは全く問題ありません。また、先生方も肢体不自由についての専門知識があり、障害児の対応という面において専門家ですので、学習面、生活面どちらにおいても充実した支援が保障されています。さらに、周りの生徒たちも自分と同じように障害があるため、学校生活を送る上でもしも悩みが出てきた場合にも、その悩みについて理解を共有できる仲間がいるという安心感もありました。肢体不自由特別支援学校を選択することには多くのメリットがありましたが、それでも私は在学していた学校への復学を申し出ました。その大きな理由は友達の存在でした。入院中に何度もお見舞いに来てくれ、早く戻ってきてほしいという励ましの手紙を何度も貰い、また一緒に学校生活を送りたいと強く思いました。実際には中学校３年生の時の怪我でしたので、すでに同級生は高校に進学しており、再び同じクラスで授業を受けることはできませんが、中高一貫校で高校の校舎が併設されていましたので、休憩時間や放課後には旧友と顔を合わせることができます。そして、高校に進学すればまた一緒に学校生活が送れると思うと、復学への強い意欲が湧いてきました。

6か月間の治療と6か月間のリハビリを終え、2004年9月に復学しました。一つ下の学年に復学することになり、クラスメイトはがらっと変わりましたが、事前に顔合わせをしていましたので不安も少なく、長い休み明けという気持ちで復学することができました。徐々にクラスにも慣れていき、半年後にはクラスメイトの一員として卒業することができたと思います。復学をしたのが2004年9月でしたので、中学生活も残り半年間と短い期間でしたが、充実した時間を過ごすことができました。

5．高校生活―進路について―

学生の多くが併設する高校に進学する中高一貫校でしたので、中学校から高校に進学する際は比較的スムーズに入学することができました。高校も中学同様バリアフリーではなかったため、専用机や休憩室の用意、エレベーターや車いすトイレの設置をしていただきました。授業面では、基本的には他の生徒と同様に座学で授業を受けていましたが、体育の授業ではハード面で難しいケースもありましたので、一部別メニューで授業を受けることもありました。個別に対応できる先生がいないといった理由で、障害学生は通常学校では体育の授業は見学になってしまうことも珍しくありませんが、専任の先生をつけていただいたことで、体育の時間も手持無沙汰になることもなく、授業に参加することができました。文化祭や修学旅行等の学校行事にも他の学生と一緒に参加することができ、非常に充実した高校生活を送ることができました。

高校2年生も後半に差し掛かると、いよいよ卒業後の進路を決める時期に差し掛かります。今までの進路決定には親や先生の意見が大きく影響していましたが、高校卒業後の進路は、初めて自分で主体的に道を決めるタイミングであったと言えます。進路決定の際に意識したことは２つありました。「将来」と「自立」です。

一つ目の「将来」について、中にはこの時点で明確に将来の夢を持っている生徒もいましたが、私はまだ具体的なビジョンを持ってはいませんでした。しかし、自身が受傷して障害を負ったことで、同じように障害のある人の役に立つ仕事がしたいという思いを持っていました。そこで、具体的な職から進路を決定するのではなく、障害についての知識を深められるよう、あらゆる障害について広く学べる大学に進学したいと思うようになりました。

二つ目の「自立」については、今のままではいけない、自分を変えたいという気持ちから生まれたものです。高校在学中は、毎日親に車で送迎してもらい通学していました。都内の学校であったため満員電車が避けられず、電車通学ができなかったためですが、周囲の友達が一人で通学できているのに自分はいまだに親に依存しているということに劣等感を感じていました。これを打開するためには一人暮らしをして、大学生活を一人でやりきってみせることしかないと感じていました。

二つの条件を満たす大学として良いと思ったのが、筑波大学人間学群障害科学類です。取り扱う障害の範囲や先生の数は国内有数であり、また、地方にあるため学生のほとんどが一人暮らしをしている環境でしたので、私が一人暮らしを始めるうえでも最適な大学だと思いました。

6．大学—新しい環境での一人暮らし—

志望していた筑波大学に進学することができ、2008 年 4 月、いよいよ私の大学生活が始まりました。大学生活は全てが新鮮でさまざまな発見がありましたが、その中でも特に印象に残っている「支援」に焦点を当てたいと思います。今でこそ大学に障害学生支援室があるのは珍しいことではありませんが、私が大学に入学した当時はまだ一般的ではなく、障害学生支援室が無い、あるいはあったとしても担当教員や職員が本業の傍らに行っていることが多く、専門的な支援を受けることが難しいのが一般的でした。そんな中、筑波大学には古くから障害学生支援の体制が整っており、専任教員を設置し、また専門知識を有する教員が各障害分野のアドバイザーとして就任しているなど、障害学生支援の分野において、国内の大学では最先端の体制が整っていました。当然、在学する障害学生は充実した支援を受けながら大学生活を過ごしています。私も入学前から卒業以降も多くの支援を受けて大学生活を送っていました。

まずは入学前の支援面談です。高校進学とは異なり、大学は全く新しい環境でしたので、大学職員の方や先生方に私の障害について正しく説明する必要があり、さらにはどんな支援が必要かについても正確に伝える必要がありました。大学のカリキュラムや生活については全くの未知でしたので、学生スタッフのアドバイスを受けながら支援内容のすり合わせをしました。また、私は大学寮に入ることを希望していましたが、そもそも車いすでアクセス可能なアパート自体が非常に少ないため、大学寮に私でも入居できるようなバリアフリーの部屋があるのか不安でした。幸い車いす学生が入居していた前例があり、一か所バリアフリーになっている棟があり、その棟の一部屋に入居させていただくことができました。ただし、バリアフリーといっても一般的なバリアフリーを指しているだけで、私にとってバリアがないわけではないので、改修が必要でした。トイレや浴槽周りを中心に私が使いやすいように改修をし、なんとか入学前に入居することができました。

写真 7-1　大学での講演の様子

次に、日々の授業準備のための支援です。筑波大学はキャンパスが広大なため、前の授業と次の授業の教室が離れていることも多く、教室移動に自転車を利用する学生も珍しくありません。私も必修科目などでは離れた教室への移動が必要でしたが、トイレの時間等を含めると休み時間だけでは授業の開始時間に間に合わない場合もあります。その場合は事前に教室の場所を変更したり、同じ科目でも別の日に講義している科目に変更したりする等の対応が必要ですが、特に 1 年次は授業数が多く、その調整を 1 人で行うことが難しいことから、スタッフの方に支援をしていただきました。

実際の授業場面では、教室によっては備え付けの机が利用しにくい場所もありましたので、車いすでも利用しやすい机を設置いただいたり、板書の多い授業では自分でノートをとるスピードが追いつかないため、ノートテイク支援を付けていただいたりしました。

他にも各駐車場の利用手配やなど多くの支援をいただいていましたが、学年が上がるにつれ、特に後の章で取り上げる留学から帰国した後は支援をほとんど活用していませんでした。それは２つの理由があります。

・学校生活に慣れてきたから

入学当時は大学のシステムが全く分からなかったため、支援を受けていましたが、何度も支援を受ける中で経験が蓄積され、自身で対応することができるようになりました。また、学年が上がるにつれて履修科目が少なくなり、教室の変更の必要性が少なくなったり空き時間が増えたりしたことも要因として挙げられます。

・ICT[2)]機器等の活用によりノートテイクスキルの向上

パソコンやタブレット端末等を授業中に活用することによりノートテイクのスピードが上がったため、板書が多い授業でも自分でノートをとることができるようになりました。人ではなくそれらのICT機器が、私の支援者に代わったことで、人的な支援は最小で済むようになりました。

その他にも学業面の支援だけでなく、就職活動でのキャリア支援も受けていました。キャリア支援は就職課の職員が中心に行ってい

---

2) ICT（情報通信技術）とは、パソコンだけでなく、スマートフォンやスマートスピーカーなど、さまざまなタイプのコンピュータを使った情報処理や通信技術の総称です。

ますが、障害学生の場合、健常学生と同じ支援だけでは不十分で、履歴書の他に自身の障害や配慮についての説明をしなければなりませんので、障害学生支援室との連携が必要です。また、卒業後も支援室主催のOBOG交流会が開催されるなど、障害学生支援関連の情報の共有や人脈の拡大といった面でも支援室は重要な役割を担っています。

ところで、一方的に支援を受けるだけでなく、自身も学生スタッフとして障害学生支援の活動に積極的に携わっていました。私が物理的に支援をすることは難しいため、例えば支援者育成講座の開講やバリアフリーマップの作成を通じて間接的に支援をしていました。

学校からの支援だけでなく、日常の支援も必要でしたので、日々の生活については介護ヘルパーを活用し、家事全般をお願いすることで学業に専念できるようにしていました。

写真 7-2　障害学生支援室スタッフによる支援学生養成講座の授業風景

7．余暇活動―広く経験すること―

学業とともに大学生活で大きなウェイトを占めると思われるのが、余暇活動です。大学でのサークル活動に限らず、アルバイトや地域活動、自己啓発活動など、自分の余暇の時間に行うことが余暇活動だと思いますが、この時間の過ごし方によって自分の成長に繋がったり、将来のキャリアビジョンにつながるヒントを見つけられたりするかもしれません。一般的に大学生は時間があると言われますが、この余暇活動にあてる部分を指すと思いますし、これから大学に進学する皆さんにはぜひ何かしら興味を持って取り組んでもらいたいと思います。

私はサークル活動として、知的障害のある方とのレクリエーション活動を行う団体に所属していました。障害については大学で学んでいましたが、座学で学ぶことと実際の現場で感じることにはギャップがあり、貴重な経験をすることができました。また、体を動かすことも好きでしたので、埼玉県を拠点に活動しているスポーツチームに所属し、ウィルチェアーラグビーも行っていました。毎週末練習があり、練習場所が遠く車で片道 2、3 時間かかることもありましたが、同じような障害のある方と同じ目標を持って真剣に練習をしたり、交流をしたりすることは非常に楽しく、そして居心地の良い空間でした。アルバイトも経験していました。アルバイト先を探すのは私にとってはそれほど簡単ではありませんでした。障害者雇用は近年、法定雇用率[3)] の増加もあり進んできていますが、一時雇用で

3) 法定雇用率とは、障害者雇用を促進するために民間企業や国などの事業主に義務づけられた、雇用しなければならない障害者の割合のことです。2020 年 3 月現在の法定雇用率は、民間企業 2.2%、国・地方公共団体 2.5%、都道府県等の教育委員会 2.4% となっています。法定雇用率が 2.2% の場合は「労働者 45.5 人以上に 1 人以上の割合で雇う」ということになります。

あるアルバイトとなると、なかなか受け入れ場所がありません。店へのアクセス面などもあり、車いすを利用する人にとってできるアルバイトは在宅でできるフリーランスが現実的かと思っていましたが、幸い私は知り合いの紹介で家庭教師のアルバイトを見つけることができました。しかし一般的には車いすユーザーのアルバイトはやはり難しいと思います。現在ではインターネットから多くの情報を入手することができますが、障害者にとっての有益な情報はまだまだ少ないのが実状です。障害者に関する多くの情報を共有できる仕組みづくりが重要ですし、それには障害当事者自身がもっと参加し自ら発信していくことが必要だと思います。

写真 7-3　ウィルチェアーラグビーの練習風景

8．海外留学―チャレンジ精神の大切さ―

2011 年 3 月から 12 月まで、大学を休学し米国に留学しました。この留学は企業の障害者海外派遣事業の研修生という立場で渡米し、現地の大学の障害学生支援について学びました。この留学を通して多くのことを学ぶことができ、ここで得たさまざまな経験が、今後の人生に大きな影響を与えることになりました。

まずは、研修目的にも設定していましたが、現地の大学の障害学生支援室でインターンシップをさせていただき、海外の障害学生支援の実態を目の当たりにできたことです。大学の規模もありますが、米国では障害学生支援室に登録をしている学生数が、日本よりも遥かに多く、そのほとんどが発達障害の学生でした。近年では日本でも発達障害についての認知が進んできており、障害を公表して支援を受ける学生の数も増えてきていますが、当時はまだ少数でした。一方、アメリカでは自ら障害があることと支援が必要なことを発信することが普通で、多くの学生がテスト時間の延長などの支援を受けていました。支援が必要であれば自ら必要だと申し出る、この点米国の学生は自立していると感じました。

バリアフリーの違いも大きく感じました。米国には障害を持つアメリカ人法(ADA)があります。そのため、大学や日々の生活でのハード面で不自由さを感じることはほとんどありませんでした。日本では土足で他人の家にあがることを無礼とするなど文化の違いもありますので、単純にどちらが優れていると一概には判断できませんが、少なくともハード面だけを見るならば、米国のほうがアクセスできる環境が多いと言えます。日本でもバリアフリーが進んでいないわけではありません。公共施設などでは車いすトイレが普通に見受けられますし、東京オリンピック・パラリンピックの招致が決定して以降、急速にバリアフリー化が進んできています。数年で車いすユーザーにとってさらに暮らしやすい環境に変化していくと思います。

もう一点大きく考えたことは自立です。大学進学時に自立を目指して一人暮らしを始めましたが、自分の中ではまだ 50 点でした。改修を施した整った環境では1人で生活することができていましたが、新しい環境ではまだ不安がありました。現在の環境でいれるのは在学中のみ、大学を卒業したらまた新しい環境にステップアップしなければいけないと考えると、更なる成長が求められていました。そのため、人も言語も文化も違う全く新しい環境にチャレンジすることが必要だと感じていました。

現地では4か月を大学の寮でルームシェア、5か月をアパートで一人暮らししていました。寮・アパート共にバリアフリーでしたが、特にトイレとお風呂は大きな課題でした。脊髄損傷者にとってこの2点はしばしば課題として持ち上がります。私もリハビリでいろいろと試しましたが、退院時にもこの2点は普通の設備では対応できず、家と学校については、すのこ等で座敷式にして、座ったまま排便やシャワーができる環境にする必要がありました。しかし、このような施設は通常のバリアフリー部屋でも存在しませんし、当然ながら米国の寮やアパートにもありませんでしたので、何らかの方法で解決する必要がありました。いずれも現地ではシャワーチェアを使うことで解消しましたが、初めはシャワーチェアへの乗り移りなどで苦戦しました。何度も失敗を繰り返しながら、現地の障害学生のアドバイスを参考にして、なんとか自力で行うことができるようになりました。

振り返ると、日本で一人暮らしをする以上に現地での生活は厳しいものでした。買い物一つにしても容易ではなく、スーパーが近所になかったため、1時間に1本のバスで買い物に行かなければなりませんでした。また、大学が休みに入ると近所の飲食店が閉まってしまい外食ができないなど、今思えば修行のような留学生活でしたが、そのおかげで1人でもやっていけるという自信がつき、今まで以上にチャレンジする精神が身についたと思っています。新しいことにチャレンジすることはリスクも伴いますが、自分の気づいていない可能性に気づくチャンスになると思います。

写真 7-4　現地の大学の障害学生支援室

9．就職―私のやりたいこととは―

受傷してから一貫して、私の中には将来障害のある人のためになる仕事がしたいという思いがありました。そのため、就職を考える際も第一にそれが頭に浮かびました。大学および大学院在学中は特別支援教育を専攻し、特別支援学校の、特に肢体不自由特別支援学校の教員になるための勉強をしていました。当時の心境としては、そのまま卒業後も教員になるのが良いと思っていましたが、転機が訪れたのは教育実習での事でした。2012 年に附属の肢体不自由学校で 3 週間実習をさせていただきました。短い期間ではありましたが、日々子どもの成長を確実に実感でき、非常にやりがいのある仕事であると感じました。しかし、一方で 3 週間のハードスケジュールに自分の体力が追い付いていないことも感じていました。元々健常者に比べて体力の面では及ばない中で、毎日早朝から授業準備をし、生徒が帰宅してからも授業の振り返りをしてまた翌日の授業の準備をしていると、あっという間に時間が過ぎてしまいます。そこから自分の生活として排便やシャワーの時間を追加しなければならないため、睡眠時間を確保できない日々が続いておりました。３週間という限られた期間でしたので何とか乗り越えられましたが、もし教員になりこの生活がずっと続くとなると自分には負担が大きいと感じました。教員という仕事の性質上、突発的な休暇などは取得しにくいことも私にとってはマイナス要素でした。また、特別支援学校の子どもの中には医療的ケアが必要な子も多く、命を預かる仕事といっても過言ではありません。とっさの対応などを考えると、身体的に障害のある私には荷が重いことも事実として受け止めなければなりませんでした。以上のことから、教員という職に憧れつつも、実習終了後から一度ゼロベースで別の道を探すことにしました。

私のやりたいことは「障害のある人のためになる仕事がしたい」であって、特別支援教員はあくまでも手段の一つでした。ではそれ以外の道で自分の目標を達成する道はないか幅を広げて考えてみました。具体的には、民間企業も検討することにしました。それまでは全く知りませんでしたが、企業研究をする中で障害をテーマとした事業を展開する会社も数多く存在することを知りました。また、近年では障害者の法定雇用率も上昇してきており、企業側も障害者採用に力を入れてきています。そのため募集要項を見ても正社員採用の募集も多いことが分かりました。そんな中興味を持ったのは人事という仕事です。人事という立場から、障害のある方の社会参加に繋がるような仕事をすることも、障害のある人の社会参加を助けることに繋がるのではないかと思いました。また、就職活動をする中で企業の障害者採用担当者と出会い、障害者の社会参加にかける思いに強く共感し、人事という仕事に憧れを抱くようになりました。就職活動を始めたタイミングは遅かったですが、縁があり人事担当として就職することができました。

就職に際しても大学入学時と同様に事前に配慮について相談をしました。毎月の通院、通勤方法、執務場所などについて事前に配属先の人事担当者や上司と相談をして、お互いに不安を取り除いたうえで入社となりました。

10. 自立について考えること

本書のテーマは「肢体不自由者の自立と社会参加」ですが、障害者の自立についてはしばしば議題に挙がります。障害者は自立しましょうという言葉はよく耳にしますが、何をもって自立とするのかは非常に難しい問題です。辞書を引くと、自立とは「他の援助や支配を受けず自分の力で身を立てること」とあります。果たして障害者が他人の援助を受けずに生きていくことが可能でしょうか。確かに福祉機器は充実してきていますし、この先介護ロボットなどで人的な支援は少なくなっていくことが予想されますが、ゼロになることはないでしょう。障害者が生きていく以上、誰かの援助が必要な場面に必ず直面します。援助の部分だけに着目してしまうと、障害があって援助を受けた時点で自立とは言えなくなってしまいます。では支配の部分に焦点を当てることはどうでしょうか。援助を受けることは支配されることではありません。自らの意思を持ち、自分のやりたいことを達成するために誰かの援助を受けたとしても、それは障害者本人の意思は尊重され自立していると言えるのではないでしょうか。この意思決定こそが肢体不自由者にとっての自立だと思います。肢体不自由者の中には重度重複障害があり自己判断が難しい場合もありますが、全てではなく一部分からでも意識的に自分で決めるということが大切です。

できないことに直面した場合、まず第一に自分自身で解決する方法を探すことが大切です。初めからできないと決めつけるのではなく、どんなに時間やコストがかかっても 1 人でできる方法を探します。自分自身で完結できれば行動の自由さが生まれますので、まずはここを目指すべきです。1 人では見つけられないことも多いため、本やインターネットからの情報はもちろんのこと、新たな人脈から新しいアイデアを取り入れることを意識し、常に多方面にアンテナを張っておくことが大切だと思います。

それでも自分自身ではできないこともちろんあります。むしろその方が多いかもしれません。そんな時は迷いなく援助を受ければ良いのではないでしょうか。障害の有無にかかわらず、誰しも多かれ少なかれ誰かの援助なしでは生きていけないのですから、何も恥じることはありません。しかし一方で、何か他にできる方法はないか常に模索し続けることが大切だと思います。

難しいのは時間やコストをかければできるケースです。書面上で可否を問われれば、できるのだからそれは可となるでしょう。しかし、社会生活を考えた場合に、果たしてそれを可と断言して良いものでしょうか。できる＝時間やコストをかければできるではありません。時間やコストをかけた結果、本来の目的が達成できなくては、それは成功とは言えません。大切なことは自分の目的を明確化し、それを達成するために自分で行うのか援助を受けるのかを天秤にかけ、自分で判断することです。自分でやれば自由度が上がり自分の成長にもつながる。援助を受ければ時間を削減できる。など、それぞれのメリットデメリットを考え、常に自分にとって最大の利益を出す選択をできるように考えることが大切です。

私のケースでは、学習面では手指に障害があるため筆記のスピードが遅くノートをとるのに時間がかかりました。当初はノートテイクの支援を受けていましたが、外出先や卒業後などあらゆる状況を考えると自らできるようになった方が良いと判断し、極力支援を受けないよう考えを変えていきました。一方で在学中の生活面については、家事をこなすことが難しかったため、全て介護ヘルパーさんにお願いをしていました。現在の住居では環境を整えているため、洗濯などの一部の家事については自分でできるようになっています。しかし、自分では家事はせずにすべて介護ヘルパーさんにお願いをしています。現在の私の生活においては、仕事に多くのウェイトを置いています。所定労働時間が決まっていて、自分の自由な時間が限られている中では家事の時間を少しでも短くする必要があり、そのためには全てヘルパーさんにお願いするのが良いと考えているからです。どこまでを自分で、どこから援助受けるのか、このバランス感覚を常に意識し生きていくよう心がけたいと思います。

最後に、先日友人と東南アジアに海外旅行をしてきました。現地のバリアフリーは全くと言っていいほど進んでいません。タクシーに乗る・ホテルでシャワーを浴びるなど多くの場面で友人に助けてもらいました。友人無くして旅行することはできず、心から感謝しています。好意にせよ仕事にせよ、支援や援助をしてもらったら必ず感謝の気持ちを忘れません。最も大切なことを忘れずに、今後も誰かの助けを受けて生きていきたいと思います。

TEA BREAK 

肢体不自由のある友人との学生生活

渡邊 修

私は、肢体不自由者のある友人（小川晃生）と知り合う前に車いすの利用者としっかりと接したことはありませんでした。小学校の時に福祉に関する授業の時に地域の車いすの利用者の講演を聞いた程度でした。街中で肢体不自由者を見かけることもそれほどなく、大学生になりました。

小川くんとは同じ専攻の同級生として出会いました。同じ講義を受講していること、同じエリアの宿舎で暮らしているということもあり、大学の障害学生支援室の支援である移動支援の一部を私が行うことになりました。講義の 40 分前に宿舎の部屋まで行き、小川くんの車いすを押して移動を支援するようになりました。一緒に歩く中で気づいたことや感じたことがいくつかあります。普通に歩くには気にならない段差、溝、地面の素材なども車いすの利用者にとっては大きなバリアであること、スロープがあっても傾斜が急であると利用しにくいこと、正面からくる自転車とすれ違う時の怖さ、雨天時の移動の面倒くささなどです。実際に支援を行ったことで、車いすで移動することの大変さについて身をもって感じました。

車いすの移動の大変さを感じる一方で、移動支援の時間は、小川くんと多くのことを話し、コミュニケーションをとれる機会にもなりました。車いすの操作方法やコツを教えてもらうだけでなく、学生生活をどのように楽しく過ごすかについて話をすることが多くありました。その後、いつからだとははっきり覚えていませんが、そうして支援者として小川くんの要望を聞くだけではなく、友人として必要な配慮についても自分から聞いたり、「こうしたらよいのではないか。」という提案ができたりするなどの関係に徐々に変わっていきました。それは自分だけでなく、ほかの友人たちも同様であり、自然と小川くんをフォローする雰囲気ができてきたように思います。大きな要因として、明るく、積極的でコミュニケーション力に長けた小川くんの人柄によるものが大きかったように思います。つまり、出会ったときには「障害」が大きく見えていましたが、いつの間にか「障害」ではなく「人柄」が見えていたのです。

そのようにして小川くんと関わる中で、大学の障害学生支援室の役割に興味を持つようになり、学生運営スタッフとして、携わることになりました。大学のオープンキャンパスの際の肢体不自由のある高校生の進学相談をすることや、障害学生のための支援者養成講座の企画を行いました。肢体不自由のある学生がどのような環境で学生生活を送っているのか、大学進学にあたり、どのような支援が必要であるのかなど、多くのことを知る機会となりました。また、学生に学内にあるバリアや必要な支援、車いすの操作などをわかりやすく伝えるためはどうすればよいか検討を行い、実際に伝える機会になりました。そのような経験をする中で、それぞれの支援のニーズは共通するものと一人ひとりに合わせて必要なものがあることについて、身をもって感じ、学ぶことができました。

小川くんとの学生時代の思い出は尽きません。飲み会の会場まで車いすを押して走って向かったこと、新幹線を利用して遠方へ出かけたこと、ビジネスホテルに泊まった際に試行錯誤しながら髪を洗ったこと、小学校でのフィールドワークの際におんぶをして階段を登ったこと、留学について相談したこと、スポーツ観戦に出かけたことなど。小川くんと出会い、多くの時間を過ごし、ともに学び、思い出を共有できたことは、机上で学習することよりも、多くのことを私に感じさせてくれました。私自身を含め、さまざまな背景のある人たちがともに暮らしていることを改めて感じ、誰もがその人らしく暮らすことができるようなことに携わりたいと思うようになりました。そこで抱いた思いは、特別支援学校の教員として勤務している今の私を支えるものになっています。

TEA BREAK 

ソウル市障害者コールタクシーと地下鉄

丸山 美映子

2018 年 1 月、肢体不自由学生を支援するため韓国研修に同行しました。その際に感じた韓国の公共交通機関の利便性についてご紹介します。

まず、ソウル市障害者コールタクシー（以下，コールタクシー）についてです。コールタクシーは一般のタクシーと異なり、重度の肢体不自由者（特に車椅子使用者）の移動の便宜を図るため、2002 年にソウル市が始めた公的サービスです。公的サービスであることから、利用料金が安く、基本料金（~5km）は 1,500won（150 円程度）で、5km~10km は 1km ごとに 280won（28 円程度）、10km を超えると 1km ごとに 70won（7 円）が上がることになっています。ソウル市内の移動を基本としますが、仁川国際空港への移動の場合は、航空券を持参するとコールタクシーを利用することができます。同行者は 3 ～ 4 名が一緒に乗れます。さらに、外国人（旅行者を含む）も、車椅子使用者であればコールタクシーを利用することができます。 コールタクシーの利用には、利用者登録が必要です。コールセンター（TEL : 1588-4388）に電話して外国人であることを伝えると、パスポートの情報で登録することができます。滞在中、コールタクシーを利用してみましたが、非常に便利でありがたいサービスでした。ただし、コールタクシーの需要と供給に問題があるため、時間的に余裕がない時は、地下鉄で移動するほうがよいと言われました。私たちはそんなに待たずに利用できたので、その問題を感じたことはありませんでしたが、これから韓国に行ってご利用をお考えの方はご注意ください。

私たちは、コールタクシーを利用した後、日本でも同じサービスができないかという話をしました。料金が安いことはもちろん、24 時間利用可能であること（深夜は運行するタクシーの数が少ないですが）、事前予約しなくても使えること、車椅子の乗降に時間がかからないこと、そして何よりも外国人である私たちも利用できること、など一般のタクシーとほぼ同じように障害のある方も使えることが素晴らしいと感じました。

次に、地下鉄についてです。日本の Suica と同じ T-money というカードにお金をチャージすれば、鉄道、地下鉄、バス、タクシー、コンビニなどで使えます。駅構内にあるチャージ機は日本語も対応しているので、簡単に使うことができました。料金は日本の半分以下です。駅のホームでは、線路とホームの間に透明な壁（スクリーンドアー）があり、地下鉄の出入り時の風や音もほとんどなく、スクリーンドアーは電車が停車するまで開かないので安全でした。また、ホームと電車の隙間も小さくフラットだったので、韓国の車椅子使用者が一人で、介助者なしで乗車することも見かけました。韓国の電動車椅子の前輪が日本のものよりも少し大きいからかもしれません。韓国のすべての駅がそうとは限らないのですが、日本でもそのような駅が増えてほしいと思いました。

支援者としての同行でしたが、私にとっても新鮮で学びのある時間でした。また、韓国研修を契機に、肢体不自由学生の「障害を見る姿勢や態度」が変わることを目の当たりにし、さまざまな面でもやりがいを感じています。研修後、肢体不自由学生と話し合ったことですが、日韓とも、障害の有無に関わらず、誰もが好きなときに好きなところへ行ける、そんな社会になることを願います。

コールタクシー

地下鉄

第8章

なぜロマンチックは大事なのか
―私の記憶をめぐって―

慎 允翼

私は1996年に千葉県で生まれました。厚労省指定難病の一つである脊髄性筋萎縮症Ⅱ型という障害のため、右手の一部と顔周りの筋肉を除いてほとんど自力で動かすことはできず、生活のあらゆる局面で介助が必要です。食事や移動の際は電動のストレッチャーに乗ります。高校までは地元の通常学校に介助者をつけて通い、1年間の浪人生活を経て現在は東京大学文学部で哲学を学びながら、24時間ヘルパー保障を受けて一人暮らしをしています。将来はフランス思想の専門家になることから始めて、障害者や外国人など幅広いマイノリティの問題に関して積極的に発言したいです。それは、自分自身が日々新しい生き方を試され、試行錯誤できる強さを獲得する道のりだからです。また本稿でも触れるように、私は映画・アニメ・ドラマなどに何度も救われたので、いつかその辺りについてもさまざまな形で仕事をしていきたいと思っています。

1．はじめに

「子どもの頃にいやおうなく刻印されてしまった何ものかを背負ったまま、人は多くの苦しみとわずかな喜びとに彩られた長い人生の時間を堪え忍ぶのである。そして、人に人生を堪え忍ぶ力を与える源泉もまた、子どもの頃に体内深く埋め込まれた、その何ものかに潜んでいるのだ。」

（徐京植『子どもの涙　ある在日朝鮮人の読書遍歴』）

「あらゆる悲しみは、それを物語に変えることで、耐えられるものとなる。」

（アイザック・ディネセン）

障害者をめぐる日本の近況について私は危機感を持っています。言葉が通じにくい重度知的障害者を狙って行われた相模原のテロ事件[1)]、「LGBT[2)]の人に生産性はない」と発言して開き直る女性議員[3)]……。そこまで障害者について関心を持っていない健常者であっても、ほとんどの人は良心がざわつくのを感じたことがあるでしょう。もう一つ、相模原のテロ事件は壮絶な殺戮を事後にも引き起こしました。当時、私が毎日新聞の記事[4)]にも答えたところですが、被害者遺族の意向に

---

1) 2016年7月26日、相模原市の障害者施設「津久井やまゆり園」の元職員が、同施設の利用者らを殺傷した事件です（19人が死亡、27人が負傷）。

2) LGBTとは、Lesbian（女性同性愛者）、Gay（男性同性愛者）、Bisexual（両性愛者）、Transgender（性別越境者）の頭文字をとった単語で、性的少数者の総称の1つです。

3) 大村健一「ネットウオッチ「生産性なし」自民・杉田議員の寄稿が炎上」、毎日新聞、2018年7月24日。

4) 山田泰蔵「わたしの視点 相模原の障害者施設殺傷「ペット扱い」気付いて 重度身体障害のある難病患者 愼允翼さん」、毎日新聞（東京朝刊）、2016年9月15日。

従って被害者の氏名が公表されなかったのです。もちろんその慣例自体がどうなのかという議論はあり得ますが、通常、警察発表では遺族の意向とは別に実名が公表されるものです。これは重度知的障害者を一方的に「保護すべき社会的弱者」と決めつけ、遺族・地域・メディア・警察が結果的に「存在の抹消」[5]を行ったものでしょう。身体的な「いのち」が殺害された後、誰かとの間にあったはずの記憶におけるポジションさえも抹消されたのでした。ここまでは割と従来もなされてきた批判でありますが、私は被害者たちとあえて同じ「障害者」と自らを位置づけて批判を深めておきたいと思います。

「こんなに可愛い子なのになぜ人間じゃないと言うんだ」。これは相模原テロ事件で重傷を負った五十代の知的障害者の被害者に対し、七十代と思われるその母親がテレビで答えていた言葉であったと記憶しています。これにはスタジオにいたキャスターも目を潤ませていました。でも、ちょっと待って考えてみましょう。どこの世の中に五十代のおじさんを「可愛い子」と言ってはばからない親がいるでしょうか。いや、もちろん障害の有無に関係なく親にとって子どもは可愛いでしょう。そして親はいつまでも親です。しかし「可愛い」というその外からの評価が評価される側にとってどのような意味であるかは、私たちは気を付けて考えなければいけません。健常者ならばそれに反論することもあるでしょうが（俗にいう反抗期がその例です)、反論することのない重度知的障害者にだけ「可愛い」という形容詞を一方的に向けることがまかり通るのです。それは誤解を恐れず言うならば、そこには「尊厳ある他者」という視点が欠けて

5) この文脈で「名前」と「存在」がいかなる関係にあるかという哲学的に重要な問題は別の機会に考えたいと思っています。

いるということです[6]。「だってコミュニケーションが取れないんだから」と私の言葉に反論するならば、それは相模原の犯人が言っていることとなんらの違いはありません。

また、近年のバイオテクノロジー、特に出生前診断の技術の浸透力にはおそるべきところがあります。「障害はあるよりないほうが育てる側も本人もいいはずだ」というその技術の裏にあるポリシーは、必ずしも今生きている障害者を抹殺しようだとか、そういう角の立つことを言うわけではないでしょう。「今生きている人には十分な支援をする、でもこれから生まれてくるのは予防しよう」という詐欺まがいの言説を前に、多くの健常者は「まあそれならいいか」と思ってもおかしくはありません。あるいは、もっと真面目に「障害者も健常者と同じ人権を持っていて保護されるべきだ」という感動的な主張もあるでしょう。とはいえ、これらすべてが同じ言説の構造を持っていると私は思います。それは「何かを施す健常者」が言説の主体で、障害者はいつも語られ施される側なのです。そうしたアンバランスな形式が障害者と健常者の間に溝を作るのか、あるいはも

---

6) ところで、ここで重要な留保を加えておかなければならないでしょう。私が知的障害を持たないという点で「健常者バイアス」とも言うべき尊厳観を持っているが故に、「可愛い子」という表現に違和感を覚えているのかもしれないのです。「健常者」と「障害者」の線引きや「大人」と「子ども」の線引きが特定の観点から一切矛盾なく説明できないことは明らかです。それでも私は順位をはっきりさせて批判の対象を確認しておきたいと思います。つまり、第一に実行犯及びその類の思考回路を持つ者どもを、第二に「存在」を結果的に抹消した者どもを批判します。しかしここで問題にするのは、後者の中に特に顕著な「可愛い子」という言説そのものとします。なぜならば、本稿で私が試みるのはあくまでも「私」についての記憶から、「健常者」と「障害者」あるいは「知的障害者」と「身体障害者」、そして「あなた」と「わたし」の間に橋をかけることなのだから。ただし、「私」が「意味の場」としてどれほど基礎付けられているかは検討の余地があるでしょう。

ともと溝があるからそういう形式になってしまうのか、おそらく両方同時に回っているのでしょう。そうであるならば、本稿では健常者と障害者の埋めがたい溝を渡るために、障害者が言説の主体になるということを「私」という主語を媒介にほんの少しでも示さなければならないかもしれません。それはどういうことなのでしょう。

危機感と最初に言いましたが、実際は怒りであると同時に失意とも言えるかもしれません。それは「世界の信頼の底」が抜けることです。でも、本当に私が「世界の信頼の底」を失っているならば、こんな風に「呑気に」文を書いていることは不思議なことですね。怒りを書けるためには、そしてその怒りを健常者（もちろん私ではない障害者も含めて）と心置きなくスッキリした気持ちで真摯に分かちあうためには、「物語」の力が欠かせません。「物語」はまずその語り手の記憶を語り手自身が探り寄せるところから始まり、その中に刻まれた「生きる力」の記述から「笑い」と「悲しみ」と「怒り」とさまざまな「精神の歴史」を引き出すことができます。少し想像してみてほしいのです。我々は親友や恋人といかにして心を通わせ、また関係を深めるのでしょう。それはきっと、日常の風景の中でお互いのさまざまな姿を見せ合うことから始まります。そのさまざまな姿を集めたものが「物語」です。だから「物語」には他者との相互理解の地平を開くと同時に、自らを語りの主体として強く育てる力があります。では、私の「物語」をいかにして書き起こしていくべきでしょうか。手がかりになるのは、耐えることを強いられる幾多の日々の中で「世界の信頼の底」がそれでも保たれ、今この瞬間を生きているというごく当たり前の理解です。それは何によって可能なのでしょうか。

好きな女の子にこう言ってフラれたことがあります。「ゆにくんには夢がある、わたし夢って好きだけど今は夢よりも現実の方が大切かな」と。そういえば、気のおけない友だちにもよくこう言われます。「お前、ロマンチックがすぎるよな」と。他者からの自己像に頼って自己を仮定するのもあまりよろしくないかもしれないけれど、ひとまず私は「ロマンチック」であるようです。確かに自分でもそれを重視して生きてきた実感はあります。

これから笑いあり涙あり（？）の私の「物語」を読んでいただきます。記憶をたどる旅の涯、これを読んでいるあなたと出会うその日にロマンを託して。

2. 幼少期から保育園まで

「そうさその手で切り開くのさ　誰のものでもない明日のジブンを」
（『未来戦隊タイムレンジャー』T. R. Futures「Don't Stop Your Story!」）

「愛はどこにある その答えから　君だけの勇気 必ず探しだせるさ」
（『ウルトラマンコスモス』Project DMM「君にできるなにか」）

1996年12月12日早朝は曇りがかった空だったそうです。私は在日朝鮮人四世として生まれました。例えば、日韓W杯の時、韓国代表がイタリア代表に劇的な勝利を収めて家族が夜中からシャンパンを開け始めた結果、私は眠れずに体調を崩して病院送りになったり、「ゆに、あなたは日本人じゃないから、普通のお仕事にはつけないから自分でやりたいことを一生懸命探しなさい」と何かにつけて言われたり。物心ついた頃から私は「ああ、自分は数的に少ない側の人間なのか」という自意識を持っていました。だから、正直自分が人と違うという意識を「障害」から得たのか、「生まれ」から得たのかは微妙なところです。

とはいえ、もちろん「障害」を意識したことも古い記憶に刻まれています。私の中で一番古い記憶は、入院している病室の天井の点の数を数えている自分の意識です。夜間の人工呼吸器をまだ日常的につけていなかったために体調が安定しなかった時期のことだから、きっと2歳半くらいだったと思います。正方形のパネルの中に、おそらくは今考えればパーテーションを自由に止めておくための穴なのでしょうけれど、無数の点が空いていました。そこに何個の点が空いているのか、朦朧とした意識の中で「縦に20個ある、多分横も同じだけあるだろうな、20個を20回数えたら全部数えられる」と当てもなく考えていました。後から考えたら面積の計算をしていたのです。この「後から考えたら」というのが大切です。実際、数を数えるだけだったらそれほど記憶に残らなかったでしょうけれど、その数える作業の中で「点を数えている自分」を見ている「自分」を意識したときの衝撃が鮮烈に刻まれています。これも後から考えたら「我思うゆえに我あり」のような体験です。それから20年経った今、フランス語でデカルトと格闘している大学生になったことに「ロマンチック」があります。その一方で「どうして自分はこんなに苦しい体なんだろう、どうして点なんて数えてないで自由にプレールームに遊びに行けないんだろう」と身体の意識を抱いていました。そして、入院の記憶といえば、もう一つあります。厳密には、覚えていることと後から母親や今でも知り合いの医師や看護師に聞いた話が混ざっているのですが、何かにつけて私はナースコールで「○○ちゃんお願いしま〜す」と指名をしていたんだとか。それで「はーい、一緒にお風呂行こうね」と運ばれたまま帰って来ず、心配した母親がナースステーションに見にいったら、呑気に子ども用のお風呂に浸かりながら魚のおもちゃを浮かべて看護師さんと戯れていたというのです。そのおかげで、いまだに「女の子好き」とレッテルを貼られやすい性格になってしまったわけですが（？）、これがとても大きな「ロマンチック」を孕んでいます。母が言うには、明らかに「ゆにくんはお母さんがいなくてもちゃんと人と生きていけますよ」と母に看護師さんたちが教えようとしていたと。そうして私自身「人と話すこと」が大好きな子どもに育っていったのでした。

それから少しして体調が以前より安定してくると、両親は私を市立の障害者施設に連れていきました。そこで「障害者は助けてくれる健常者に感謝することをまず覚えなければならない」と言う職員や、自立のために欠かせない電動車いすを危ないと言って使わせない園長に辟易した両親は、私を健常者と同じ市立の保育園に通わせるべく船橋市と交渉しました。3歳での電動車いす支給に続いてなかなかハードな交渉だったそうですが、船橋市は「コペルニクス的転回」[7]によって私を保育園に受け入れたのでした。そういうわけで何はともあれ、保育園の先生が交互に介助しながら、私は同じ年の子ども達が大勢いる「世界」に放り投げ出されました。そこで同じ

---

7)「カント哲学の基本性格を表現する言葉であるとともに、思考法を百八十度転回することの表現として人口に膾炙しているものである。…(中略)…それは、見えるものを見えるがままに見るという態度を停止することである。…(中略)…それは、従来のような〈認識が対象に従う〉という考え方から、〈対象が認識に従う〉という考え方への転換である。」（御子柴善之、2018、『カント哲学の核心『プロレゴーメナ』から読み解く』、NHK 出版、pp.154-155）。これに則った仕方で説明すると、それまで船橋市は「健常児童→集団保育、障害児童→施設及び在宅保育」という住み分けを行なってきましたが、それはそうした認識が「障害児童 (対象) の本質」に敵うことだと考えていたからでした。そうではなく、むしろ行政の認識によってこそ障害児童 (対象) の人生が決まるのだと考えることで、同年代の子どもたちと一緒に生活することが望ましいと考え直したのでした。

年ごろの子供たちに「それ何乗ってるの？かっこいいね」と言われるところから始まって、朝から晩まで園庭で駆けずり回ったりお昼寝の時間に布団の中でこっそり友だちと喋ったりして過ごした日々。その時間が健常者に対する素直な信頼を（もちろん喧嘩して電動で相手に蹴りを入れた時の後味の悪さを含めて）固めてくれました。そんな日々の中で、「自分だけの生き方」がきっとあるし、誰かと一緒にそれを探したい、という根拠のない「ロマンチック」から私の「物語」は始まったのでした。

写真 8-1　保育園の近所で開かれた夏祭りにて

3．小学生

「いつの日にか 夢見た場所で　a-ha-ha と笑っているでしょう」

（『ドラゴン桜』melody.「realize」）

「新しい日々を変えるのは いじらしい程の愛なのさ 僕等それを確かめ合う 世界じゃそれも愛と呼ぶんだぜ」

(『電車男』サンボマスター「世界じゃそれを愛と呼ぶんだぜ」)

介助者をつけて地元の小学校に通えるようになるために、両親は私が保育園で遊んでいる間、熱心に船橋市と交渉をしていました。特に、この頃から母が大学院に行こうとしていたこと、父が無事定職につけたこともあり（もちろん私の「自立」のためにも）、一切の妥協なく介助者をつけて地元の通常学級に行くことが目標でした。長い戦いの末に、支援学校に入学を拒否される（一応、私を連れて見学に行ったところ私が「くさい、こんな汚いところ行きたくない」と泣きわめいたのが決定的だったらしいです。子どもは残酷に真実を語るのです。）という奇妙なプロセスを経てその念願は成就したのでした。

入学式の日、教室でみんながチラチラ私を見る中、私は自分が見られている感覚以上に自分が他人を見ている意識に気づいていました。隣に座る少年があからさまに染めた金髪だったからです。そいつがとてつもなくガラの悪い奴だったらどうやって戦おうと内心ドキドキしていた私は、やがて彼と唯一無二の親友になりました。人の見かけと中身と関係性は単純に決まっていないということを強く感じた瞬間でした。それから楽しく小学校に馴染み、運動会の学年ダンスのとき車椅子に旗や装飾を施して何人かの友だちと特別目立つ別アクションで参加したり、複数持っていた電動車いすのスピードの遅い方に介助のお兄さんが乗って友だちと四人で100メートル走をやったり、「自分だけの」やり方で過ごせたのが低学年の頃の幸せな思い出です。その頃の様子について、小学校二年生の時の担任の先生は学年末にくれたお手紙に「あなたにはユーモアがあります。

これからたくさんさみしいことも悲しいこともあるかもしれないけど、きっと楽しく乗り越えて生きていけると先生は信じているよ」と感動的な言葉を記してくれています。

ところが、中学年になる頃、人生で最初の「痛み」が私を襲うことになりました。当時、体が大きくなっていったことで直角に座位を保持することができなくなってきており、それに対応できる車椅子や薬を用意できるまで、学校を休みがちになっていたのです。また、周囲の子ども達が自転車に乗る技術を獲得したことで放課後に一緒に遊ぶのが難しくなっていきました。歩いていける校庭や近所の公園でもなければ、電車や車に乗って行くほどの場所でもない、電動車いすで行くには難しい、微妙な距離の活動範囲ができていたのです。私はすっかり取り残されてしまいました。さらに、この頃から周囲の子ども達は精神的に「大人」になっていこうとしていました。例えば男女で別れて固まるようになったり、「ゆにくんにそういうことを言っちゃいけません」というような道徳が入ってきたり。そうすると「めんどくさいから関わるのやめよう」となるのです。健常者の子ども達の理屈は今なら十分わかるのですが、当時の私は完全に呆然と立ち尽くすより他ありませんでした。いじめられもしない、まるでそこにいてもいなくても変わらないような孤立感。もちろん、介助者はいるし、周りも形の上では優しい。けれど、話したいことをお互いになんとなく避けてしまう雰囲気。それにいたたまれない気持ちだけが記憶に刻まれています。さらにその孤立感に輪をかけたのが、「ゆに王」というあだ名でした。要するに、私が「あれやろう」「これやろう」と発揮する主体性が全て介助者や友だちから「わがまま」であると捉えられてしまいます。「そうか、俺はここにいない方がいいんだ」と思って学校をサボりがちになっていきました。そうした中でも、「自分だけの生き方」への憧れは捨てることができず、「本当の自分」を探そうという意識が高まっていきました。最初に頼ったのは自分の「障害」でした。母を経由して私の主治医に連絡を取り、初めて自分の「障害」が医学的にどのようなものなのか「告知」をしてもらいました。身体がこんなに痛いのはこのせいか、ご飯を飲み込む時、たまにむせちゃうのはそのせいか、などいくつか知りたいことについて納得のいく丁寧な話をしてもらいました。けれども、そうした科学（医学）的語りは「自分だけの生き方」や「本当の自分」について何ら解答を示してくれなかったのでした。

しかし、それでも私の「物語」はそこで終わったわけではありませんでした。子どもらしい「ロマンチック」が少し形を変え始めたのでした。第一に、両親は私がサボりたいときに自分の仕事もあるのに家にいさせてくれました。冬の寒い日、リビングの天井を見つめながら床暖房の上に寝転がって、お昼に再放送しているドラマやビデオに録っておいたドラマを漫然と見ていました。その中で人生を変える出会いの一つがやってきます。阿部寛主演のドラマ『ドラゴン桜』。このドラマは偏差値 30 のヤンキー高校の落ちこぼれたちが人生で初めて勉強し、東大合格を目指す話です。第一話で阿部寛演じる主人公桜木先生が生徒たちに言います、「バカとブスこそ東大へ行け！」と。当時不登校気味で勉強についていけなくなりつつあった私は、自分の首から下を「ブス」と言われたような気がして（断じて首から上ではありません笑）「まずい、どっちも当てはまっている！」とか焦ったものでした。そして最終回で桜木先生が生徒たちに向かってこう言うのです。「入学試験の問題にはな、正解は常に一つしかない。その一つにたどり着けなかったら不合格。これは厳しいもんだ。だがな、人生は違う。人生には、正解はいくつもある。…（中略）…だからよ、お前ら生きることに臆病になるな！矢島。水野。緒方。小林。香坂。奥野。お前ら自分の可能性を否定するなよ！

受かったヤツも、そして落ちたヤツもだ。お前ら胸を張って堂々と生きろ！」と。この言葉を聞いたとき、自分が「堂々と生きていない」と言われたような気がしました。何を堂々と生きるべきなのか、それはわからなかったけれど、少なくとも「みんなに邪魔だと思われているに違いない」という理由で外の世界を拒むのはやめなければならない、と教えられたように思います。そしてもう一つ、大きな出会いがありました。当時、あまりにも勉強がおぼつかなくなっていたため、父がインターネットで家庭教師を探してくれました。近くに住む、薬学部の学生のお姉さんが毎週土曜日に勉強を教えてくれたのです。途中で彼女が就職したため妹さんに引き継がれ、結局高校受験までお世話になったのですが、当時の私にとっては勉強以上に大切なことを教えてくれた二人でした。家族ではない、病院のスタッフでもない、学校の先生でもない、相対的には年が近いお姉さんとのおしゃべり。その中で忘れかけていた楽しい人間関係の作り方を思い出しました。そのほかにも、『三国志』の漫画やゲームに学校をサボって一日中没頭しました。新しい武将を知るたびに、私は「その人はどんなふうに死んだんだろう」と思いました。かっこ悪く生きている奴がかっこいい死に方に憧れるのは割とよくある話です。でもそんな情けない関心から没頭したはずが、幸いなことにそこには「かっこいい死に方」より「かっこいい生き方」の方が多く記述されていました。そんないくつかの「出会い」とそこから出てくる「他者のロマンチック」のおかげで、「自分だけの生き方」や「世界への信頼の底」といった「私のロマンチック」もギリギリで保たれていたのです。いつまで続くかわからない漠然とした不安の日々だったけれど、「いじらしいほどの愛」は失いたくないと思っていた時代でした。

4．中学生

「泣きたい時にも泣けない日がある　お前の苦しみも人に言えない日があるさ」

（『あしたのジョー』おぼたけし「果てしなき闇の彼方に」）

「人に埋もれて生きるのが厭に思えて　季節季節に風を待った」

（『最強武将伝 三国演義』ささきいさお「風の会話」）

正直にいうと、まずこの時代について記憶がほとんどありません。人間の防衛反応による記憶の消去というよりも、現にあまりにも思い出がなさすぎます。けれど、どんな日々であっても「ロマンチック」を通して自分が何を考えていたかは引き出すことができます。小学校終わりの頃から、先述の「出会い」によってかろうじて学校に行くことはできるようになっていました。もちろん先述の金髪の彼に代表されるごく一部の仲のいい友人と先生を除いては、誰とも話さないで一日が終わってしまうようなこともざらにある寂しい日々でしたが。その頃は「堂々と生きる」ことをとりあえず「勉強する」ことに託していました。それは、「来たるべき楽しい日々」を待つために自分が強くならねばならないと思っていたからです。在日朝鮮人であること、障害者であることを堂々と生きるために、「お前らとは違うんだ」と他者を見下せるような力が欲しかったのです。そのルサンチマン[8]に「勉強」というのは格好の道具でした。しかしなが

8)「ぶどうに手の届かなかった狐が「あれは酸っぱいぶどうなのだ」と言ったとしても、それはまだ相手を引き下げているにすぎない。だが、その狐が「ぶどうを食べる生き方は正しくない」と言ったとしたら、彼はひとつの解釈を作り出したのである。…(中略)…ニーチェのルサンチマン理論の本質はそ

ら、そのように「ロマンチック」を誤用すると手痛い結末が用意されているものです。まず、いくら勉強ができるようになっても所詮は障害者が身体の限界の範囲でフルパワーを出すにすぎないのだから、せいぜい小さい田舎の中学校で学年一位になるのが精一杯です。受験勉強のできる人は外部模試を受ければ大勢いるし、無理をしているのだから体調も精神も磨耗するばかりです。何より、そういうルサンチマンで孤立主義的な態度は、ますます周囲の健常者の子達との溝を作っていくのです。気づいたとき、まるで荒野に一人ぼっちで立っているような孤独感が心に満ちていました。「何が気に食わないんだ」と言ってみたところで、誰も答えてはくれませんでした。本当の答えはすべて自分の心の中に、あるいは目の前の人の中に、そしてその間に転がっているというのに。「自分の弱さ」を「まあいっか」と笑い飛ばすことからしか、「ロマンチック」の世界は微笑んでくれないというのに。

とはいえ、そんな日々でもやはりギリギリで「世界への信頼の底」を守ってくれる他者はいるものです。中学校の頃、担任を含めて先生たちは私をエンカレッジしてくれました。特に、試験で時間を 1.5 倍したりパソコンを使ったりというその後の入試で優位に働くスタイルを、一緒に日々の生活の中で考えてくれました。また、この頃は体調が思わしくなく、3 か月に一回ほど入院していたのですが、

こにある。弱さの、卑小さの本質は、解釈への意志にあるのだ。」（永井均、2012、『これがニーチェだ！』、講談社、p.73）これに則った仕方で説明すると、当時の私は周囲の子どもたちと心を通わせることができなかったので、「彼らは友達になるに値しないのだ」と相手を引き下げることを飛び越えて、「誰かと気楽に友達になる生き方が正しくないのだ」と解釈をひっくり返していたのでした。その弱く、卑小な心から気をそらすためにも「勉強」は手ごろな手段だったのです。もちろんそれ自体が一つの「解釈」ではないかという批判もあるでしょうが、それはまた別の機会にお話しましょう。

そのときも幼少期同様に病院の看護師さんと喋っていたことが「他人と楽しくコミュニケーションする」力を育ててくれました。でも、冷静になると学校より病院が楽しかったなんて、我がことながら少し切なく思うのです。大切なことを見落として心を閉ざしていた自分が悪いのですが。それともう一つ、今につながる重大な習慣が身についたのはこの頃でした。厳密には小学校三年生の頃からなのですが、放課後の時間を民間のヘルパーと一緒に過ごすようになりました。今ほどアクティブにあちこちで駆け回っていたわけではないけれど、学校から家まで帰ってきて（途中でお菓子を買うなどして）家で勉強したりお話ししたりして過ごす。その中で表面的な介助の技術を伝えるのみならず、対等な他者である介助者とどのように信頼関係を作っていくのか試行錯誤することができました。そして実際には高校時代になってからですが、ヘルパーという対等な他者に比べて学校介助員には一部「教師になりたい」人がいるために関係を作るのが難しいことも知りました。私が「自立」の意識を曲がりなりにも獲得しつつあったからでしょう。

そういった日々の中で、私は高校受験を迎えました。千葉にある私立高校からは「受験拒否」という憂き目にあいましたが、第一志望だった筑波大附属高が大学とも協力して合理的配慮について当時としては先進的な対応をしました。それによって、私は交渉が難航していた第二志望の千葉県立船橋高校を受験することができました。結果的に私の学力が足りず、第一志望には合格できなかったけれど、なんとか千葉県立船橋高校に入学したのでした。合格した日、その後大変お世話になる高校の先生たちと今後の面談のスケジュールをわきあいあいとしたムードで確認したあと、中学校の先生や家庭教師の姉妹や病院のスタッフやヘルパーと喜び合ったとき、「ロマンチック」から遠ざかっていた暗黒の日々の向こうに、懐かしいような、けれど見たこともなかったような「世界」へと背中を押す風が吹き抜けていくのを感じました。

5．高校生

「やすらぎはいらない 孤独がほしい　孤独でなければ 夢は追えない」

（『わが青春のアルカディア』渋谷哲平「わが青春のアルカディア」）

「嘘をつけ永遠のさよならのかわりに　やりきれない事実のかわりに」

（中島みゆき「永遠の嘘をついてくれ」）

登校初日の衝撃は今でもはっきりと覚えています。教室に入るやいなや、周りの子達がわっと私の周りによってきて、「どこ中？」「どうやって勉強してるの？」「その車椅子乗っていい？」。まるで保育園や小学校に初めていったときのようでした。ついこの前まで誰とも話さないで一日を終えるような学校生活を送っていたことの反動のように、あっという間に友だちができました。六月にある文化祭の準備で友だちや先生たちに適宜助けを求めつつ、放課後に学校介助員の勤務時間が過ぎても夕方どころか夜まで学校に残り、親が心配して迎えにきたことさえありました。土曜日の午前中に学校が終わると担任の先生と友人とで少人数のギリシャ語勉強会をしたこともありました。他にも千葉大学で行われている高大連携授業に参加しました。そこで「愛の諸相」というオムニバスを受けたのですが、ここで学んだ学問の方法に魅力を感じたのが東大文学部を志望する一因にもなりました。さらに、東京大学先端科学技術研究センターが毎年夏に開く DO-IT Japan に参加したことも重大な経験でした。

そこではさまざまな障害を持ちながら大学進学とその後のキャリアを目指す高校生たちが選抜され、大学生のボランティアやスタッフに介助を含めてサポートされつつ、三泊四日のプログラムをこなすことになります。そこで私は、「目に見えない」障害を持つ同世代の友だちと知り合い、自分よりもずっと大変な修羅場をくぐってきた仲間たちがいたことを知りました。それは多様性の眼を開くことになり、それら別々の問題をつないだり俯瞰(ふかん)したりする言葉を得たいと思ったこともまた、東大文学部を目指す契機となりました。しかし、そうしたアクティブで楽しい「青春」という「擬似ロマンチック」の日々の中で、何か大事なものを置き去りにしてきたような感覚も確かにあったのです。そして「擬似ロマンチック」と「ロマンチック」の違いを意識し始める「痛み」が背後に迫っていました。

高校一年生のとき、遠足で横浜に出かけました。夕方になって本当に仲のいい男友だち何人かと日中に行きそびれたコスモワールドの観覧車を目指しました。秋口でそれなりに寒い潮風が吹いていましたが、生まれて初めて介助者もつけず友だちだけで飛び出す冒険心が体を温めてくれていました。その道中、友だちの一人Aに電話がかかってきます。「先行ってて」と言われたので、私たちは少し進みました。すると、Aが追いついてきて「悪い、ちょっと一緒にいけなくなった。ここで別れよう」と言うのです。「まあそういうこともあるか」と私は深く考えず、楽しく遊園地に行ってストレッチャーごと乗れる観覧車を楽しみ、楽しく帰路につきました。そのときBが「Aに電話しよう」と言うので私が「どうして」と聞くと、Bが「あれお前知らないの？ A、この前の体育祭で告られて彼女できたんだよ。どうせデートしてるんだよ、ちゃかそうぜ」と言うのです。なるほどと思って電話をかけ、一声ずつちゃかしてそのまま帰ったのですが、その日の夜ベッドについたとき初めて「彼」と私は出会うことになります。まぶたの裏の暗闇にたたずんだ「彼」は私にこう言いました。「お前はきっと一生Aみたいにちゃかされることはないだろうな、どうせお前のことなんか誰も見ちゃいないんだから」と。初めて健常者に対する「嫉妬」と「劣等感」と「憎悪」が姿形を持って現れた瞬間でした。反論することもできず、一晩中その言葉を浴びせられ続ける悪夢と寝不足で翌日はフラフラでした。

それからしばらくして、「彼」は私の心の奥深くに閉じ込められたまま日々の忙しさの中で静かにしていました。すると二年生の春頃、ひょんなことから私は違うクラスの女子Cと仲良くなりました。もともと廊下などですれ違うたび、話したこともないのに目で挨拶してくれたり体育の授業で一緒だったりしたものだから、名前くらいは知っていたけれど、放課後一緒に勉強することがあって一気に仲良くなりました。それから友人として関係性を深めていったあるとき、上野の博物館でCが好きそうな企画展がやっていることを知ったので、デートに誘いました。快諾してくれたのですが、予定がなかなか合わず、最初に話してから一か月ほど経ってから行くことになりました。一日を楽しく終えて駅へと向かう途中、彼女は「とても楽しかった」と言ってくれました。「彼」と出会って以来、心のどこかに不安を抱えていた私にとって、その言葉はとても浸透する言葉でした。「じゃあ、また面白いイベント見つけて行こうね」と私は言いました。そのとき、なぜか時間が止まったのです。どれほど経ったでしょう、後から考えれば嫌な雰囲気のする「魔の間」のあと、Cは「ごめん、それはちょっと無理かな」と言いました。私は聞こえてきた言葉の意味がわかりませんでした。30メートルほど向こうの駅の改札にすでに切符を買ったと思われるヘルパーの姿を確認すると、信号が赤に変わろうとしてチカチカしている方向に向かって一気に駆け出し、そのまま改札を抜けてヘルパーと二人で電車に乗ってしまいました。ヘルパーも何が起こったのかわからないながら、ずっと黙っていました。きっと私がこの世の終わりのような顔でもしていたのでしょう。私はCを置いて飛び出してしまったのです。振り返りたい気持ちもありましたが、心の深いところから「彼」がニコニコしながら這い出してくるのを抑え込むので精一杯だったのです。少しして冷静になってから携帯を見てみると、彼女から10件以上のLINEがきています。恐る恐るそれを見て明らかになったことを要約していえば、デートの約束をしてから行くまでの一か月間にある男性から告白されOKしていたのだということでした。それで約束を反故にする訳にもいかず、この一回だけのつもりだったのであって、「楽しかった」という言葉は嘘ではなかったというのです。恋心はやや傷ついたけれど、それならば仕方がない。「彼」に怯えて積極的でなかった自分のせいだと納得し、翌週学校で会った時にきちんと謝ってなんとか関係を修復不可能にしてしまうのは避けることができました。それからさらに時が経って受験期の頃、彼女が付き合っている彼と別れたという話を共通の友だちから聞きました。お互い勉強でそれどころではなかったし、せめて高校生活最後の日に伝えられていないことを伝えようと思っていました。それで卒業式も終わってお互い浪人が確定し、四月になる前の終業式で再会したときに、よく一緒に勉強した教室でありったけの想いをぶつけたのでした。彼女は私の告白を聞きながら素敵な顔で泣いていました。その涙の意味はよくわかりませんでした。その意味がわかったつもりになるのにそこから一年、わかったかもしれない自信を持つ程度になるのにさらに三年かかっています。本当のところは彼女にいつか会えたら聞いてみようと思いますが、一つだけ言えるのは、泣いている段階で答えはNOであったということです。「擬似ロマンチック」から一歩踏み出して「ロマンチック」を掴み取りたかったけれど、むしろ他者と本当に心を通わせることの難しさと「痛み」を思い知りました。心の中に「彼」が再び現れようとしている中、私は浪人生になったのでした。

話は少し戻りますが、こうした苦痛もありながらそれでも健康に楽しく高校時代を過ごしていけたのは、高校の現代文の先生との出会いが大きかったと思います。先生は「近代と他者」という「ロマンチック」の言葉で満ちたテーマを共通課題として、さまざまな文章を授業で扱っていました。いまでも季節ごとに電話をして話すのですが、あの難解な授業に正面から楽しく食いついていたのは私だけだったらしいです。先生と放課後の研究室で語り続け、家に帰って作文した時間は今の精神を大きく形作っています。「物語」でない現実を苦しみぬいて「物語」にすることから全てが始まると教えてくれました。だから「彼」と出会うのはとても恐怖だったけれど、そのもう一人の自分と向き合うことがなければ「ロマンチック」という夢は追えないこともまたわかっていたのです。だからきっとかっこ悪かったに違いないけれど、Cに「さよなら」とは言えず、進展することも壊れることもない関係をそのままに受け止めるということになったのでした。そういう中学生の頃とは違う別の形で「肩の力」が入ったまま、青春の日々は一旦終わりました。

写真 8-2　高校の文化祭にて看板を背負って宣伝カーをする筆者と友人たち

6．浪人生

「シェリー いつになれば 俺は這い上がれるだろう　シェリー どこに行けば 俺はたどりつけるだろう」　　　　（尾崎豊「シェリー」）

「空の 孤独な鷹よ 風に 杭いながら そこにあるのは 光と闇 一人だけの空」　　　　（『ゲド戦記』手嶌葵「時の歌」）

予備校には実は高校時代から通っていたので、バリアフリーについて特に問題はありませんでした。重度訪問介護[9]を使ってヘルパー

9) 重度訪問介護とは、重度の肢体不自由者又は重度の知的障害、若しくは精神障害により行動上著しい困難を有する障害者であって、常時の介護を要するものにつき、入浴、排せつ、食事などの介護、調理、洗濯、掃除などの家事、生活等に関する相談や助言など、生活全般にわたる援助を行うとともに、外出時における移動中の介護を総合的に行うことをいいます。

と一緒に出かけました。もちろん受験勉強はなかなかハードではあったけれども、同じ東大クラスのみんなと切磋琢磨できていたように思います。だから勉強について書くことは特にありません。それよりも話は相変わらず「ロマンチック」を模索することにあります。

東大クラスの男子D女子Eとはよく一緒にお昼ご飯を食べたり休み時間におしゃべりをしたりしていました。授業後にヘルパーが就業時間を終えたあと（当時は一人暮らしをしていたわけでもなくヘルパーの時間数が一日七時間程度しか支給されていませんでした）、二時間くらい一緒に勉強するという「見守り」もしてくれていました。浪人生だからずっと勉強していなきゃいけないのだけれど、人間の集中力などというものはたかが知れているので、色々なことを話していました。 そのうち私はEに対してC以上の恋心を抱いていました。そうして、過去の傷をかばいながら同時に勉強してどうにか暮らしていたとき、「彼」が私を強く縛り付ける事態が起こります。夏休み明けの新学期、同じクラスに新入生Fがやってきました。Fは私のことを見ても少しも驚かず、DやEと同じく私の近くに座ることができるような「心のバリア」のない子でした。あっという間に仲良くなったある日、私が帰ろうと廊下をエレベーターに向かって歩いているとEとFが廊下の隅で話している声がします。別に盗み聞きをするつもりはなかったのですが、エレベーターを待っている間に壁の向こうから声が聞こえてしまったのです。FはEに言っていました、「EってDのこと好きでしょ、だっていつも一緒にいるもんね」と。そのとき、横浜で「彼」と出会った日のことやCの涙の意味がひとつながりにわかるような、そんな衝撃に頭を打たれました。なぜFは私ではなくてDを選んだのだろうか、一緒にいる時間だったら私でもいいじゃないか、そうか、私はFとEが共有しうる「世界」に存在しないのか、存在しないなら好きになるという想定が成立するはずがない、私は小学校のあの頃と変わらず「世界」に存在しないのだな、だからＣも困ったのか、別に私のことを嫌いだったわけじゃないと思いたいけれど私とだけで彼女の「世界」は成立するわけではない、他にもたくさんの人がいるのだ、そういう人たちと共有できる「世界」において私は不協和音以外のなにものでもない…という果てない失意。「彼」とは「世界への信頼の底」をもうとっくに失ってしまっていたもう一人の「私」だったのです。その時の怒りと憎しみと絶望を乗り越えていくにはそれからもう少しの時間がかかります。しかし、私は「彼」に飲み込まれることなく「彼」と共存して「来たるべき日」までその時代を生き抜くことができました。一番大きかったのは、そのＥが（もしかしたらＣも）私を見捨てないでいてくれたことです。彼女（たち）は私にとって、「世界への信頼の底」を繋ぎ止めたいという「ロマンチックへの欲望＝擬似ロマンチック」の形式をとった強烈な自意識をぶつけられるほとんど唯一の具体的な対象でした。間違いなく迷惑だったに違いないけれど、時に笑って時に泣いて時に怒りながら、うまくいかないときは「寂しさの限界」に行き着かない程度に「距離」を取りつつ、だましだまし関係を続けてくれました。そのおかげで私もまた「彼」を見捨てるでも対決するでもなく、「私」のかけがえのない一部分として抱きとめることが少しはできていたのかもしれません。

そんな「他者」と「私」と「世界」をめぐる「ロマンチック」と「辛い現実」がせめぎ合う日々の中、私は幸運にも第１期東大推薦入試の受験資格を手に入れることができました。文学部の受験に際しては、高校時代の経験とそこからどんなことを学びたいと思っているのかについてまとめたエッセイを提出しました。内容はDO-ITの経験をもとに「包摂」と「排除」がどのように絡み合って「難民性」を作り出すのか考えたものでした。それで一次選抜を突破し、二次試験では「思想史」の意義について考える小論文を書いたあと面接を受けました。そのとき面接官に「結局君は東大文学部でなにをしたい」と言われたとき、こんな言葉が口をつきました。「私は楽しいことも苦しいこともある日々の中で、いま他者というものに飢えています。だから他者と心を通わせることのできる言葉の力を身につけたいです」。本当の私の言葉だったに違いありません。本当に伝えたい言葉は意識していないところから到来するものです。それを高校時代から少しずつ学びつつ、私はかつて「バカとブスこそ東大へ行け！」という言葉でしか意識できなかった場所に立とうとしていたのでした。「ロマンチック」を求めた先の「来たるべき日」が地平線の先からひょっこり顔を見せつつありました。

7．大学生

「風に追われて消えかける歌を僕は聞く　風をくぐって僕は応える」
（中島みゆき「旅人のうた」）

「「そこを超えておいで」「くじけないでおいで」どんなときも届いてくる未来の故郷から」　（中島みゆき「麦の唄」）

晴れて東大文科三類に合格した私は、「もうすぐ待ちかねた人生が切り開かれる」という期待に胸を躍らせてバリアフリー支援室を中心とするスタッフとの打ち合わせに追われました。その間に引越しの準備や東京でのヘルパー事業所探しなど、慌ただしく春休みがすぎていきました。ところが、「安らぎ」への幻想はあっという間に崩れ去ります。東大には語学ごとにクラスがあり、上級生のクラスが新入生のクラスを合宿に連れ出して、履修選択に代表される大学生活の作法を教えたり最初の居場所を作ったりする、ほぼ全員参加の楽しいイベントがあります。私が参加するにあたって増すさまざまなコスト（車イスが乗れるバスにするとか、夜勤の看護師さんの人件費だとか）をどのように負担するのかをめぐって、大学側とイベントを最終管轄する自治会とが「面倒の押し付けあい」を始めたのでした。それまで修学旅行なども問題なく参加してきた私にとって、「世界への信頼の底」が抜けてしまいそうな事態でした。ところが、事態は思わぬ展開を見せます。顔も知らなかった上級生のクラスが自治会に見切りをつけ、大学の本部と直接交渉をしてくれていたのでした。彼らの熱意が大学を動かし、コストは全て大学が負担することを決定したのみならず、今後重度の障害学生が東大でそのイベントに参加する際はこれと同じ対応をするという決定を文書化しました。その決定を通知する最終面談で初めて上級生のクラスのメンバー数人と会ったとき、「やっと会えたね」「お前、面白そうだな」「ドキドキさせちゃってごめんな」という言葉をかけられました。待ちくたびれた小さな「ロマンチック」を超えて、「私は世界に生きている」という実感が得られたのです。それから知り合って三日で合宿に行き、同級生にもたくさんの友だちができながら、一人の先輩と入ったお風呂はこれまで行ったどの温泉よりもあたたかかった…そして授業が始まると高校のとき培った「言葉の力」を深めていく学問の世界との出会いがあり、私は哲学科に進むこととなります。今は本郷キャンパスの近くで 24 時間のヘルパー支給を受けて一人暮らしをしています。

　大学での「ロマンチック」の話は現在進行中の話であるため、うまく「物語」にすることができません。ただ、ますます広がった活動領域の中で、たくさんの「運命の出会い」を迎えることとなります。

学問の世界はもちろん、「障害者のリアルに迫るゼミ」[10] という駒場でも人気のある学生中心の自主ゼミに最初は「冷やかし」に行ったつもりだったのですが、彼らの問題意識は私の精神を優しく育ててくれました。そこで出会った友人たちもまた、クラスの上級生や同級生たちと並んで「運命の出会い」でした。酒を飲みながら私の「物語」を話すとき、みんなも各々の「物語」を話してくれる。そうやって培った信頼関係が一緒に勉強したりゼミを運営したりするときの土台になる。一緒に旅行に出かけることもある。とうとう最近は重度訪問介護の資格をとってもらって「介助者」になってもらうこともある。そうした思いもよらない日々の生活の中にこそ「ロマンチック」があります。ひとつだけわかったのは、「彼」が「私」であったのみならず、「自分だけの生き方」に恐れを抱いていたのは他でもない「私自身」であったということです。ずっと「不公平だ」と思っていた現実があります。それは「普通は（健常者は）恋をしてから愛が始まるのに、障害者は愛がないと最初から心を通わすことができない」という循環のテーゼです。それが果たして本当に現実を描写する「正しい」テーゼであるのか、そもそもそんなことはなくて行き過ぎた自意識の爆発に過ぎないのか、いまでもわかりません。でも、

10)「障害者のリアルに迫る」東大ゼミは、経済学部の学生によって、2013年に開講されて以来、有志の学生により運営されている自主ゼミナールです。「障害」や「障害者」について、固定観念を打破しタブーなくリアルに迫ることを目的として、講義にとどまらずあらゆる活動を展開しています。身体障害や知的障害といった一般的に知られる「障害」だけでなく、ハンセン病元患者や依存症者、性的マイノリティなど、広い意味での「生きづらさ」を抱える人々に講師をお願いしています。そうして、受講生に一方的に知識を伝えるのではなく、障害をめぐる問題に触れる中で生まれるさまざまな疑問や悩みについて、一人ひとりが自由に考え、感じることのできる場所を目指しています。

大学で「ロマンチック」が「彼」と「私」を和解させ、「他者」や「世界」と「素敵な明日」を築くために信じるべき何かだとわかりつつあるいま、そのテーゼに厳密な言葉で答えるつもりはありません。そんなテーゼはどうだっていい。もしもそのテーゼが現実を描写していても、それはそれで結構なことです。障害者という側面を持っている私の人生がその「不公平」なテーゼによってこそ「ロマンチック」を、尊厳を、発揮できるのかもしれないのです。「ロマンチック」とは、「世界への信頼の底」である「私」と「他者」の関係性を辛い現実にもかかわらず、思いもよらない偶然によって守り続ける、「実存の光」であり「力」そのものなのだから。

写真 8-3 「障害者のリアルに迫るゼミ」の授業後に

8．おわりに

「人間はそれぞれが一つの始まりであるので、自ら始めることができる。人間であることと自由であることとは、同じことである。」

（アウグスティヌス『神国論』）

「哲学者－それは絶えず異常な事柄を体験し、見聞し、猜疑し、希望し、夢想する人間である。彼は自分自身の思想によって、外からも、上や下からも、彼に特有な事件や電撃によっての如く打たれる。彼自身が恐らく電光を孕んでいる雷雨のようなものなのであろう。彼は宿業的な人間であって、彼をめぐって常に轟き、唸り、裂け、無気味な事柄が起こる。哲学者とは、ああ、しばしば自己から遁走し、しばしば自己に恐怖を抱く存在である—が、しかし余りにも好奇心が強いので常に繰り返し「自己へ帰る。」－」

（ニーチェ『善悪の彼岸』）

私の記憶を辿る旅は随分と右往左往・七転八倒した挙句、ようやく今日に至ったようです。今日、私が哲学を学んでいるのは本当に一つの「ロマンチック」なのです。病室の天井の点を数えることで「自我」を得、そこで素敵な看護師さんたちに「他者と心を通わせる」ことのときめきを教えてもらいました。子どもの頃に憧れた「自分だけの生き方」は、「世界への信頼の底」が抜けそうな寂しさと怒りのために消えてしまいそうで、それ自体が「彼」に対する恐怖心を作る原因ともなりました。しかし、たくさんの出会いに思わぬ形で助けられ、「言葉の力」を磨かれ、なんとか「自己矛盾」を楽しく笑い飛ばすための「物語」を作ることができてきたようです。それが「ロマンチック」の力であり「世界への信頼の底」をいつも繋ぎ止めています。障害者はそうした「物語」や「ロマンチック」の主体です。「物語」や「ロマンチック」の主体になろうと、本稿の私は「言葉」を重視してきました。けれど、それ以外の手段であなたと現実の「関係」を生み出せたなら、それはもっと望ましいのです。大切なのは、どんな手段であろうともロマンチックな関係を生きることです。ですから、仮に「言葉」を見かけは持ち得ない知的障害者も、「関係」

における一方の主体になり得ると思います。それを伝えたくて、恥ずかしい話を当てどもなくしてきたわけでした。

最後に一つ、やっぱり触れておかなければならない重大な障害者の「ロマンチック」に関する主題があります。「障害者のリアルに迫るゼミ」の中で、「障害者と性」の問題について扱ったことがあります。「健康」を支えるための「福祉」として障害者の射精介助をする団体や、真逆に「プライベート」な障害者の性の問題を、「使いやすいおもちゃ」の開発やベッドに行くまでの準備の介助、あるいはバリアフリーなラブホの情報を集めて支えようとする団体の方に話を伺いました。どちらの立場も重要です。彼らの活動のおかげでこのテーマが健常者の世界に取り上げられるのですから。しかしそのプロセスで、障害者の「苦悩」ばかりが取り上げられています。障害者自身がそれにカタルシスを覚えているうちは「ロマンチック」な出来事など起こらないのではないか、私はそのことが気がかりでなりません。自分自身もずっと……。

結局「ロマンチック」とは「終わりよければ全て良し」のような結果論であって、「願いが叶った」人の「勝者の論理」なのでしょうか。いや、「ロマンチック」はどのような人にもどのような場所にも開かれているはずです。「いま苦境にある人」の背中にこそ宿っているからこそ、その偶然性や「にもかかわらず」という形式は価値をもってほしいです。それは、「みんな違ってみんな良い」という聞こえのいい理屈（それは端的に、「物語」を聞かないで相手と向き合わずとも言える、自己絶対化の主張に過ぎません）で相手と距離を取る「価値相対主義」に与しません。また、「人はみんな弱さを抱えている」という「脆弱性」を起点に、障害者と健常者を表面的に「共存」させることも目指しません。健常者と障害者の関係を問わず、他者どうしの間にはいつも「差異」という暗くて深い川がある、そこに橋をかけるために「ロマンチック」という「語ること」と「信じること」の「力」が必要です。それは健常者も障害者も目の前の相手に向き合うことを要請するあまり、「喧嘩」をときに呼び込むかもしれません。でも、それを抜きにしては「同一化」の罠を私たちはいつまでも抜け出せないでしょう。そしてそのためには、「願いが叶わなければ幸せじゃない世界」とは違う「世界」を、ほかでもない「私」が目指すことから始めていきたい。ストレッチャーでヘルパーや友だちと歩いているとき、キャンパスの銀杏並木から木漏れ日が差してくる、あれは私にしか意識されない景色でしょう（もちろんその行為自体は誰でもできます）。そのとき私は、まるで「世界」が見えないところから「希望」を私に与えてくれている、そんな気持ちになるのです。そして、そのとき決まって「いい音楽」が聞こえてきます。これからも私はそれら語りようのない「希望」について可能な限り「ロマンチック」な「物語」にして話し、書き、問いかけ続けるでしょう。次はあなたの「ロマンチック」な「物語」が聴けますように。

最後にこの本のタイトルである「障害者の自立」と、本稿のテーマである「ロマンチック」の関わりを簡単にまとめておきたいと思います。一般に「障害者は健常者に比べて精神が自由だ」という不十分な言説があるけれども、ここで言う精神は身体に立脚しています。「ロマンチック」は障害者の「できない」「きつい」身体性とそれに起因するさまざまな社会的足かせに拠って立ってこそ、これまた身体性に起因したさまざまな鬱屈とした気持ちや怒りに表象される「不可能」という壁を打ち砕くものです。だから、障害者は実は身体に拠ってこそより自由なのです。そしてその自由は、障害者が言説の主体として自立する条件であり、自らの「心」と健常者の「心」の間にある暗闇の中を、時に光を投げかけ、時に闇のままに渡っていく「力」を生み出します。「繋がり」を諦めない希望が、何気ない景色が、いい音楽と共に不意に私たちを包むとき、私たちは「他者」とともに「世界」をつくる主体足り得るのです。

終わりにこの場を借りて申し上げておきたいと思います。第一に、いつも生活を支えてくれている家族とヘルパーと医療・福祉関係のスタッフのみんなに。第二に、いつも私の希望として「ロマンチック」に参加してくれるかけがえのない友人たちに（本稿を打ってくれている、大好きな後輩の内山幸奈に）。第三に、私の「ロマンチック」を支えるたくさんの言葉をいつも与えてくれる幾千もの「作者」たちと学校の先生たちに。最後に、今まで出会ったすべての人たちといつまでも果てない「世界」に。心からの愛と感謝を伝えておきたいと思います。

TEA BREAK 

ゆに先輩と私のロマンチック（?!）物語

内山 幸奈

ゆに先輩（愼允翼）に出会ったのは、大学一年生の春でした。あのときはまさか、彼の人生史執筆を支援することになるとは思っていませんでした。あの日から今日までのゆに先輩と私の物語を振り返ってみようと思います。

出会いはひょんなことでした。大学の先生主催のパーティーで、背後からウィーンと電動ストレッチャーで寄ってきて、唐突に「ちょっと話さない？」と声をかけられました。それがゆに先輩でした。今考えると完全にナンパです（笑）でもそのパーティーはほとんど知り合いがいなかったので、声をかけられてホッとしたのを覚えています。とはいえ彼は見たこともなかった機械に乗っているし、当時は声を聞き取ることが難しかったし、ちょっと困惑していました。覚えているのは、「社会学を勉強しようと思っている」と言ったら猛烈に哲学科への進学を勧められたことくらいです。ちなみに私は、断固拒否しました。

その後ちょくちょく連絡をもらい、お茶やご飯に連れて行ってもらいました。ゆに先輩はいつも私の知らない世界を見せてくれます。世田谷で一番空に近いレストラン、名前も知らなかった料理、そしてストレッチャーで街を歩くこと・お店に入ること・電車に乗ること…そして私の話をたくさん聞いて、そしてたくさん話してくれます。私が人との関わり方で悩んだとき、真剣に、時には厳しい言葉も使いながら私を励ましてくれました。

ゆに先輩はこんなに重い障害を抱えているし、すごく頭がいいし、理解できない哲学の話をすぐに話し始めるし（笑）、なんだか私にとっては仙人とか聖人みたいな存在でした。だからいつか、私は「しんさんは本当にすごいなあって尊敬しています」と言いました。そしたらゆに先輩は「そうやって「尊敬してる」とかって言葉で壁を作られてるような気がして嫌なんだ。まずその敬語と「しんさん」という呼び方をやめてくれ！」と拗ねるように言いました。少し子供っぽい一面が垣間見えて、ゆに先輩は「聖人」ではなくて同世代の一人の「人間」として感じるようになりました。とはいえ私は先輩には敬語を使うことと「さん」付けで呼ぶのは変えませんでしたが。

大学二年生の春からは、授業のノートテイクを手伝うことになりました。

というよりもおそらくゆに先輩は、私の興味にあった授業のノートテイカーをさせてくれたのだと思います。ノートテイクをした授業は私の関心分野である「生きづらさ」などを臨床現象学という哲学の視点から見るという内容でした。今まで哲学を毛嫌いして一つも授業も取らずにきたのに、これがすごく面白かったのです。そして、ついには教育哲学などを扱う学科への進学を決めてしまいました。完全に哲学の深遠なる世界へ引きずり込まれたなあと思っています。大学一年の春、あんなに拒否していた哲学を自分が勉強し始めるとは思ってもみませんでした。この男の影響力たるや恐ろしいものです。私はまだまだ浅学で哲学という学問の入り口の入り口の入り口に立ったくらいですが……。

そういう事情で毎週会うようになって、内容も覚えていないような些細な話をする時間も増えました。 いつからか、気づけば私は敬語を使わなくなっていました。それどころか軽口も叩く生意気な後輩になっていました。それくらい、仲良くなりました。でも本当はまだ「しんさん」呼びは直っていません。だからこの原稿で初めて「ゆに先輩」と呼んでみました。人生史の執筆手伝いまでしてしまったし、そろそろ呼び方を変えてもいい頃でしょう。ゆに先輩がこれを読んだら、きっとびっくりすると思います。もしかしたらもっと違う呼び方を提案してくるかもしれません。楽しみです。

ゆに先輩が私の 21 歳の誕生日にくれたハンナ・アーレントについての哲学書にはメッセージカードがはさまっていました。そこに書いてあったのはこんなメッセージ。「ゆっきーな（私のこと）への感謝の思いはきっと、たくさん話してたくさん冒険することで、きっと応えたいと思っています」ゆに先輩と過ごす時間は全てが大冒険です！本当にありがとう！

TEA BREAK 

外国にルートをもつ障害のある生徒の受入に向けて

井草 昌之

日本の社会は、多文化共生社会への移行を当たり前と認めており、教育の観点からも必要な指導や支援（日本語指導、通訳者派遣など）に力を入れています。しかし、障害のある児童生徒に対してはいまだに課題が多いです。ここでは、群馬県立富岡特別支援学校（以下、B 学校）教頭として筆者が、日本人の父と韓国人の母を持つ A さんの B 学校高等部の受入れに携わった事例をもとに、「外国にルートをもつ障害のある生徒の受入」について紹介し、今後のことを考えてみたいです。

1．A さんの実態

A さんは、2018 年の夏に来日し、2019 年度からの入学を希望していました。幼い頃に日本から韓国に渡り、中学校卒業まで韓国に在住していたため、韓国語でのやり取りはできるが、日本語では難しい状況でした。以下に、保護者から聞き取ったA さんの状況を簡単に紹介します。

- 中学校（韓国）は、特別支援学級に在籍し、2018 年 2 月に卒業した。
- 韓国の高等学校への進学が決まっていたが、今後、日本で自立した生活ができるようになってもらいたいので、入学を 1 年間保留にして、本人に合った学校を探している。
- 通常の高等学校受検も考えたが、知的障害もあるし、日本語が分からないので孤立してしまうと考えて候補から外した。
- 特別支援学校は一人一人に合わせた教育（特に、職業教育）をしてくれるため、本人の自立に向けてぜひ B 学校高等部へ通わせたい。
- 本人が就労をする際に、企業には障害者の枠があるので有利だと考えている。
- 日本に居たときや韓国では福祉サービスを受けていたが、現在は何も手続等はしていないため福祉サービスを受けていないし、その知識もない。

２．受験に向けて

F 市の教育委員会から A さんの入学希望を受けたのが 2018 年 12 月中旬であったため、2019 年 1 月中旬の入学願書等受付に向け、急ぎ以下のような対応しました。

(1) 県教育委員会に対し、志願予定者が 1 名増えることを報告するとともに、外国の中学校を卒業し現在就学していない（学校に調査書を求めることができない）方に対し、具体的に何の書類提出を依頼するか助言を求めた。
(2) 日本における福祉サービスを全く受けていなかったため、B 学校と F 市の教育委員会から、F 市の福祉課に A さんの情報を提供し、療育手帳の交付や福祉サービスの受給に向け共通理解を図った。また、手帳の交付や医療機関を受診する際に通訳等のサービスが必要になると予想し、F 市国際交流協会に通訳者を探すことを依頼した。
(3) いずれにせよ、韓国語による書類のやり取りが予想できたため、群馬大学教育学部の任准教授に書類の内容確認等の協力を求めた。

(1) については、県教育委員会から明確な回答があり、A さんの「小学校の卒業証明」「中学校の卒業証明」「中学校 3 年の成績証明」「(知的) 障害の程度を証明できるもの」の 4 つの書類が必要とのことでした。最初の 3 つは保護者が急ぎ対応し、出身中学校の迅速な対応のおかげもあり、出願日に入手できました。障害の証明については、日本の療育手帳の代わりに、韓国の「福祉カード」（日本の療育手帳に該当する）を提出することを認めてもらい、無事に出願に必要な書類を備えることができました。

(2) については、A さんが他の生徒たちと同様に福祉サービス等が受けられるよう、B 学校ができることを行いました。

今回の受入に係り、(3) ができたことが今回最も重要だったと考えます。現在、外国語で書かれた書類等は、ICT 機器やソフトウェアの発展により手軽に翻訳できるので、韓国語の証明書をほぼ正確に翻訳することができました。しかし、受験に関わる書類（公的書類）については、韓国の特別支援教育と福祉に理解のある方に、細かく確認してもらう必要があると思いました。任准教授は適任であったし、急な依頼にも快く協力いただき、大変感謝しています。

３．現在の状況と今後の課題

受験の結果、A さんは無事に B 学校高等部に合格しました。合格発表を見に来たときの A さんの素晴らしい笑顔は私の宝物となりました。A さんには、以下のことに気を付けながら指導と支援を行っています。

- 韓国の中学校で使用した個別の指導計画や個別の教育支援計画を参考に、韓国での教育が日本での引き続き行われるとともに、A さんの実態をふまえ、今の日本で必要な教育を加えていくこと。
- 韓国語しか理解できないことがハンディキャップにならないよう、授業内容の精選と教育環境の整備に取り組んでいくこと。

A さんの事例に関わりながら、多文化共生社会における外国にルートをもつ障害のある生徒の受入に当たっては、①教育委員会、学校長をはじめとする教職員など、関係者の受入れようとする姿勢・態度、②日本人の児童生徒に要らない支援（市の福祉課、医療機関、国際交流協会などとのやりとりなど）にも関われる意欲、②適宜相談できる海外の特別支援教育と福祉に理解のある専門家、などが大切だと思いました。今後、②と③については、国や県レベルで制度化を図り、担当者による差が大きくならないよう、サービスの質を保障することが求められます。

最後に、支援をいただいた関係機関の皆さんに感謝をお伝えするとともに、最初から「A さんに本校へ来てもらいたい。」という想いから指示いただいた大澤校長にも感謝を申し上げます。

第9章

障害理解特別講座「肢体不自由児の夢」

任 龍在・星 裕貴・土橋 恵津子
小島 駿斗・米山 翼・小畠 粋・金井 桜都葉

1．講座の企画趣旨（任 龍在）

児童生徒の「自立」は「自己理解」から始まります。自己理解とは、「自分自身の気質、性格、タイプ、価値観、考え方などを深く知り、それらを自分の特性として受け入れること」を指します。児童生徒が自己理解を深めることで、自分の強みや弱みを客観的に把握し、さまざまな場面で適切な判断や選択ができるようになると同時に、「なりたい自分」（夢）に向けて取り組むことができます。

肢体不自由児を群馬大学教育学部に招き、大学生たちの前で自分の夢を発表する企画を始めたのは、彼らがこの企画に参加することで自己理解を深め、高校や大学卒業後の進路について具体的に考えるきっかけを提供したいと考えたからです。この企画は、群馬県立肢体不自由特別支援学校２校と連携し、2016 年度から障害理解特別講座「肢体不自由児の夢」として行っています。本章では、群馬県立あさひ特別支援学校の事例を紹介します。

大学知り意欲高めて

群大 特別支援学校生と交流

発表後に行われた学生と特別支援学校生の交流

肢体障害がある子どもに大学進学への意欲を高めてもらおうと、特別支援学校の児童生徒と群馬大教育学部の学生が交流する講義が20日、前橋市荒牧町の同大で初めて行われた。県立あさひと県立二葉の二つの特別支援学校の3人が、普段の暮らしぶりや将来の夢について発表し、学生約30人が障害児教育の在り方を考えた。

進行性の病気のために車いすで生活する県立二葉特別支援学校中学部1年の代田麗王さん(13)は、学校生活を振り返って「いつも先生や友達が寄り添ってくれていた」と発表。一方で「車いすは少しの段差でも大きな壁になる」として、デザイナーなど障害がある人の暮らしを少しでも楽にできる職業に就きたい」と夢を語った。

講義は、同学部の任龍在准教授（障害児教育）が企画。肢体不自由者の大学進学率は極めて低く「子どもと保護者、教員の進学意欲を高める必要がある。まずは子どもに大学の様子を知ってほしい」（任准教授）として、特別支援学校の協力を得て実施した。来年以降も継続して行う。

講義を聞いた同学部1年の斉藤しほりさん(19)は「障害のある子から見た支援の在り方を考える良い機会になった」と話した。

写真 9-1　第 2 回障害理解特別講座（上毛新聞，2017 年 1 月 21 日）

2．学生の指導（星 裕貴）

群馬県立あさひ特別支援学校の児童生徒は、2016 年度から障害理解特別講座「肢体不自由児の夢」に参加しています。児童生徒には表 9-1 の手順を提示し、準備を進めていきました。第 1 回目の作文が出された時点から、私が個別に追記や推敲の提案を行い、各担任がその補助にあたるようにしました。担任以外の私（他の教師）が中心となって進めることで、障害のことや過去のことなどデリケートな内容を扱う際にも、担任との関係を良好に保ちながら進めることができました。この講座を進めるにあたって、講座の担当と担任の役割を分けることが有効だと思います。

小学部の児童には、好きなことや得意なことを中心に、漠然としたものでも良いので「夢」を書くように指示しています。しかし、中学部や高等部の生徒には、進路を含め、ある程度具体的な道筋を描いていくように指導する必要があります。

作文を進める過程でつまずきやすいのは、自分の夢に向かうために「今の自分」に目を向けることです。これまでどんな夢を持ってきたのか、夢に向かってどんな進路に進むべきかは、比較的スムーズに書くことができます。しかし、夢に向かうために「今の自分に足りないこと」「夢を叶えるために必要な資料」など、自分を省みることや客観的に捉えることは、児童生徒にとって非常に難しいようです。

実際の指導では、夢を叶えるための進路や必要な資質について段階的に質問しましたが、「今の自分」を表現することがうまくできなかった児童生徒に対しては、個別対応による特別授業（2 ～ 3 回）を行いました。今の自分が「どのような状況にあるのか」「何が必要なのか」といった「自己理解」を深めることを目的として行いました。対話を中心に行いながら、「本人の気づき」を促すようにしました。

表 9-1 障害理解特別講座の準備過程

6月中旬	第1回課題 以下の観点から、作文課題「今考える夢」を出す。 ・今考える夢は何か（目標） ・なぜその夢をもつようになったのか（理由） ・その夢を叶えるためには、どんなステップが必要か（計画） ・今どんなことをしたらいいのか（行動）
6月下旬	作文①の提出
7月中旬	第2回課題 作文①を受けて、広げる・深めるところを助言
8月上旬	作文②の提出
8月下旬	第3回課題 作文②を受けて、広げる・深めるところを助言
9月中旬	作文③の提出
9月中旬	第4回課題 作文③を受けて、広げる・深めるところを助言
特別講義	「過去」と「将来」の自分は書けたが、「現在」の自分を表現することが難しい児童生徒には、個別に対応。
10月	発表の仕方検討 児童生徒の特性と発表内容をふまえ、発表の仕方を検討する。 ・発表原稿を読む ・発表原稿を読む＋PPT ・PPTに原稿を投影 など
11月中旬	発表の原稿と資料を完成し、発表の練習
12月上旬	発表（講座当日）

特別授業では、児童生徒の考えを整理することが重要であるため、対話の内容を板書しながら進めました。板書はその都度写真に撮って本人に渡しました。これは、対話の内容を振り返るための資料として活用されるためです。対話と板書は、児童生徒が自分の考えを深めるとともに、それを視覚化して整理し、記憶に残すプロセスに有効だと感じます。この授業を通じて、児童生徒は自分の考えていたこと、今考えていること、これからの自分に必要なことなどを整理できました。特に、時間軸に沿って整理することや考えをまとめることに課題のある児童生徒が多いため、このような手法が有効であったと感じています。

その他にも、本校児童生徒の場合、具体的な活動を伴うことがなく、夢に向かって一歩踏み出すことも難しいと感じています。「写真を使った仕事をしたい」という夢をもつ生徒には、実際に撮った写真を使ってカレンダーを作るようにしました。その生徒は、発表後、保護者の協力を得て、デジタル一眼レフカメラを購入し、自分の撮りたい写真を追求しています。発表事例１の生徒も、夢に向かって一歩踏み出すことを狙った事例です。この生徒は、第２回（小学部５年）と第５回（中学部１年）の２度、障害理解特別講座に参加しました。夢は「ゲームプログラマー」で、２年間変わりませんでした。中学部に上がったこともあり、何かアクションを起こしてほしいという思いから、地元の大学の理工学部の学園祭でのプログラミング体験やプログラミングソフトを使ってのプログラミングを実際に行ってみてはどうかと提案しました。第５回の障害理解特別講座での発表では、プログラミングソフト「スクラッチ」で創ったゲームを披露し、一歩踏み出した姿を見せることができました。

障害理解特別講座は、児童生徒に投げかけ、参加者を募っています。参加希望の児童生徒の思いは、「何かをやり遂げたい」「今の自分を変えたい」などさまざまです。発表事例２の生徒は、「発信していない自分を変えたい」との思いで参加してきました。身体を動かすことに対して不自由さのある生徒であっても、自らの考えをまとめ、発信の仕方を工夫することで他者へ自分の思いを伝えることがいかに有意義なことであるかを感じることができました。

この取組をとおして、肢体不自由のある児童生徒が夢を語り、その夢に向かって一歩を踏み出しました。発表までの過程において、自分の障害や今の姿を見つめることはとても難しく、時には辛いこともあります。しかし、このことは、夢の実現に向けていつか直面することです。彼らの夢への道中では、さまざまな分岐点が現れることと思います。もちろん、その途中で夢が変わっていくことも十分にあります。発表に向けて自分を見つめ直し、改めて自分の将来を考え直してきたように、その都度、自分で考え、自分で判断し、自分の言葉で表現していきながら、思い描く未来に向かって歩いていってほしいと思います。

３．発表事例１：小島 駿斗（中学部１年）

私は、2005 年生まれで、群馬県伊勢崎市出身の中学部 1 年生です。私の障害は、手は動きますが、足や腕を動かすのが大変になる進行性の病気です。自分の病気が進行し始めたのは小学校 1 年生の頃でした。歩くのが大変になって、転びやすくなったのはこの頃からで、「何で歩くのが大変になったのだろう」と、正直困惑していました。それでも、4 年生までは地元の小学校に通っていました。5 年生になる時に群馬県立あさひ特別支援学校へ転校してきました。障害理解特別講座には 2 回参加しました。ここでは、第 2 回と第 5 回の発表原稿と、2 回の発表を終えた後の感想を紹介します。

写真 9-2　発表当日（2018 年 12 月）

第 2 回 障害理解特別講座の発表原稿（2017 年 1 月，第 1 回目）

小島 駿斗（小学部 5 年）

題目：私の好きなこと

私があさひ特別支援学校に転校をしたのは 2016 年の 4 月、5 年生になる時でした。学校がかわることに少し不安もありました。でも、先生方やクラスメイトにめぐまれ、すぐになれ、楽しい学校生活を送っています。

4 年生の秋まで歩けていたのですが、今は車椅子で移動しています。私なりにできることはやっていますが、人の手を必要とすることが多くなってきました。そんな時は、皆さんが手を貸してくれることがとてもありがたいです。

私の好きなことを紹介します。1 つ目は、旅行へ行くことです。家族や親戚とたくさん旅行へ行っていますが、その中でも一番思い出に残ったのはユニバーサル・スタジオ・ジャパンへ行ったことです。係の人がとても親切にしてくれて楽しく過ごすことができました。水族館や海へ行ったりもします。ここでも、係の人がいろいろな説明をしてくれることがすごく勉強になっています。

２つ目は、生き物などの本やテレビ番組を見ることです。特に昆虫、海や川の生き物、微生物などが好きで、公園に行くと自然観察をいつもしています。大きな木を見ると「この木は何才かな？」とか、地面の石の下を見たり、池などがあると「何がいるのか？」とのぞきこんだりして、観察をしています。水族館、動物園、植物園などに行くと、ついつい友達や家族に様子を熱く語ってしまうことがあります。インターネットでゲーム実況動画や世界中の生き物や、めずらしい生き物の画像を見たりするのもとても楽しいです。

３つ目は、音楽を聴くことです。クラシックやロック、J-POPが特に好きです。勉強をしながら作業用ＢＧＭを聞いたりします。

そして、僕の一番好きなことはゲームをすることです。なぜかというと、ゲームをしていると、「どうしてこんなに楽しいゲームを作れるのか？」と不思議に思うからです。シューティングアクション、レースゲーム、コミュニケーションゲームなどのジャンルが特に好きです。インターネットで友達と対戦したり、家で友達と集まってゲームの通信をしたりして遊びます。

そして今、私の夢は、ゲームを作ることです。ゲームをしているととても楽しいと思うので、今度はゲームを作って、買う人をもっと楽しませることができたらいいなと思っています。

でも、どういう風に作られているのか分からないので、どのように作られているのかを調べて勉強していきたいです。さらに、コンピュータについてもっとくわしくなりたいと思っています。ゲームを作ることはすごくむずかしいかもしれないけど、努力して作ることができればいいと思います。そのために、学校でパソコンの練習や英語の勉強をしています。もちろん学校の授業もがんばっています。

私には、もう一つかすかな夢があります。それは、ゲーム作りと一緒にゲームの音楽を作りたいということです。担任の先生がギターやエレキギターの演奏を聞かせてくれた時に、自分も楽器で曲を作れたらいいなと思ったからです。

その他にも、テレビなどでロボットの研究や実験がいろいろ進んでいるのを見ると早く運動補助ロボットがつかえたらいいなと思っています。

私は、将来、群馬大学で勉強したいと思っています。これからもっと勉強しなければならないので、今よりも一生懸命がんばりたいです。そして夢を叶えたいです。

第 5 回 障害理解特別講座の発表原稿（2018 年 12 月，第 2 回目）

小島 駿斗（中学部 1 年）

題目：これからのこと

私は、生まれつき足の障害があり、小学 4 年生の 2 月ごろに歩けなくなってしまいました。正直この頃の気持ちは、「歩けなくなったら、どう生活すればいいんだろう」という気持ちでした。できることも限られ、手を動かす、座って動くなどの動作しかできなく、「歩けなくなるとこんなに大変なんだな」と感じました。でも、家族に車椅子に移る、家の中を移動するなどいろいろな面で支えてもらい、今があると思います。ですから、家族にはとても感謝しています。

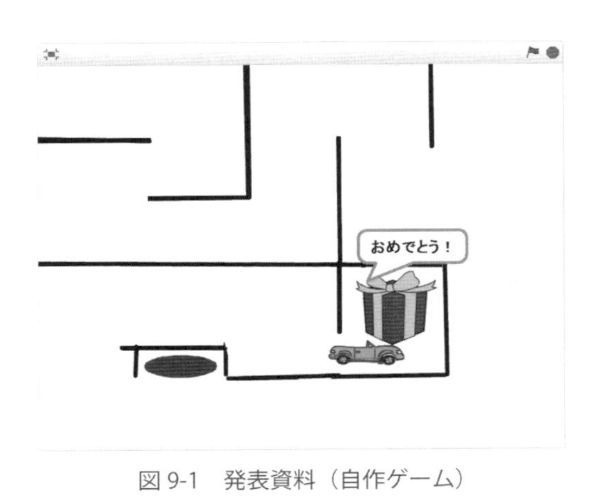

図 9-1　発表資料（自作ゲーム）

私の趣味はゲームです。ゲームには、シューティング系、ロールプレイング系などさまざまな種類があり、どれもそれぞれに面白みがあります。その中でも大好きなゲームは、シューティングアクション系の「スプラトゥーン」というゲームです。私はこのゲームのキャラと音楽にハマってしまいました。キャラは人間になれるイカという設定で、イカの時はかわいくて、人間の時はファッションを楽しんでいて、どれもオシャレなキャラしかいないので、見ていてあきません。音楽はロックやポップが基調になっていて、そこにトランペットやバイオリン、ビット音などいろいろな楽器が加わっていて、「本当にこの音が合うのかな」と思っていても、ちゃんと合っていて、いつも音楽には驚かされています。

私は将来、コンピュータのプログラミングの勉強をして、任天堂に就職しゲームプログラマーになりたいと思っています。私がゲームプログラマーになりたい理由は自分でゲームをしていて、今度は作る側になってみたいと思ったからです。今も YouTube の公式チャンネルなどで、開発者のインタビューなどを観て、あこがれを抱いています。

その夢に近づくために、今の自分に必要なことを考えてみました。それはパソコンを練習して、プログラミングを学び、いろいろな知識をもち、ユーモアセンスをみがくことです。ゲームプログラマーはインスピレーションが大切だと聞いたので、まず、自分にできることはユーモアをみがくことだと思いました。

私の考えるユーモアセンスとは、冗談を真に受けずにさらっと受け流すことや、アイディアを積極的に出したり、考えたりすることです。このようなユーモアセンスがあり、あこがれている人は、私の祖母です。例えば、祖母は話をしているとき、相手が冗談を言うと、それを真に受けずに、さらっと受け流します。私なら真に受けてしまって冗談にならなくなってしまうと思います。

ユーモアをみがくにはどうすればいいかも考えてみました。それは、家族と話しているときに冗談を真に受けずに、さらっと返すことです。真に受けないことを心がけたいと思いました。

プログラミングは、群馬大学の理工学部電子情報理工学科で学びたいと思います。先日、群馬大学理工学部の学園祭「群桐祭」へ行きました。そこで、ドローン操縦体験、VR 体験、車型ロボットのプログラミング体験など、いろいろな体験をさせてもらいました。体験をとおして、「コンピュータ関連のことをしている学生さんは、とても生き生きとしているな」と感じました。学生さんは、それぞれ大好きなことがあり、そこに自分も入っていけたらとても楽しそうだなと感じました。

プログラミングに関して、今やっていることは、プログラミングソフトの「スクラッチ」です。私は、昨年、先生から作り方のプリントをもらったのですが、その時は、「難しそうだな」と、見ただけで終わってしまいました。今も自分の夢が変わっていないことから、改めてプリントを参考にして、迷路のゲームを作ってみました。思っていたよりも難しくはなく、初心者でも楽しくゲームを作ることができました。このゲームは黒の線に当たらないようにゴールまで進むという簡単なゲームです。操作は矢印キーの上下左右で操作します。

スクラッチでは簡単なアニメーションやゲームなどを作ることができるので、今はこれを使って勉強しています。夢に向かって頑張っていきたいです。

1 回目の発表の時は単純に、「ゲームクリエーターになりたい」「群馬大学へ行きたい」という夢でした。「ゲーム音楽の仕事もやりたい」とも考えていました。2 回目の発表の時は、「群馬大学理工学部で勉強し、任天堂に就職したい」「ゲームプログラマーになりたい」と、夢がより具体的になりました。特に、2 回目の発表に向けて、実際にプログラミング体験などをしてみました。実際に行動を起こしてみると、いきなりその夢に向かってもなかなかそこにはたどり着けないこと、そして、一つ一つの行動の積み重ねが夢につながることが分かりました。今後は、「夢」に向かってコンピュータや学校の勉強をもっと努力していきたいと思います。

4．発表事例 2：米山 翼（高等部 1 年）

私は、2002 年生まれ、群馬県伊勢崎市出身の高等部 1 年生です。小学校 5 年生までは地元の小学校に通っていましたが、だんだん車椅子の使用率が上がり、小学校 6 年生に上がるときに群馬県立あさひ特別支援学校に転校してきました。

今回、障害者理解特別講座に参加を希望したのは、「障害者にとって不便なことや自分のやりたいことを伝えたい」「個人的に人前で話すことが苦手なので少しでも克服したい」と思ったからです。

私は、自然や日常の何気ない風景の写真を撮ることが好きなので、外出したいと思うことが多いのですが、車椅子だと、少しの段差があるだけで行動範囲を制限されてしまい、不便だと感じています。近年は、多くの場所でバリアフリー化の工事が進められていますが、バリアフリー化もほどほどにしなければ景観などが損なわれてしまいます。環境が変えられないのならば、車椅子を変えればよいと考えています。この環境と車椅子の関係について、自分の考えをまとめて発表、発信したいと考えました。

写真 9-3　発表当日（2018 年 12 月）

そこで、今年開催された「ミラコン～未来を見通すコンテスト～第1回全国プレゼンカップ」（以下、ミラコン）にも、障害理解特別講座の発表と並行して取り組みました。ここでは、ミラコンでの発表内容を含めた障害理解特別講座の発表原稿を紹介します。

第5回 障害理解特別講座の発表原稿（2018年12月）

米山 翼（高等部1年）

題目：今考える自分の将来

私はあさひ特別支援学校に通っている高等部1年生です。5教科の勉強や商業の勉強もする、至って普通の高校生です。しかし、決定的に違うことがあります。それは、障害をもっているということです。小学3年生の頃は、「周りよりも疲れやすいだけ」「周りと同じだ」と思い、他の小学生と同じように生活していました。しかし、いつしか外で遊ばなくなりました。そして、階段を上がれなくなっていき、6年生の時に転校してきました。最初は不安がありましたが、優しい先生方のお陰で不安はなくなりました。

これまでは夢など考えていませんでした。夢を考え始めたのは昨年の中学部3年の時でした。国語で将来についての作文を書いたのがきっかけです。その時に思ったことは、「道が段差だらけで自分が行きたいと思った場所に行けない」「道が変わったとしても公園や砂地や雪原などを変えることはできない」ということでした。ならば、いっそのこと車椅子を作ったりデザインしたりする仕事に就いて、もっと便利な車椅子を開発したいと思うようになりました。

その夢を実現するためには、自分の短所を克服することが必要だと考えました。まずは自分に甘すぎることが問題です。例えば、家で勉強しない、テストに勉強しないで挑む無謀さ、そして、約束を守らない、出された課題を期間中に出せない、授業中に寝てしまうことなどです。高校生になって、周りからは「先輩みたい」だとか「大人だ」といわれるますが実際そんなことはなく、自分自身では何一つ昨年から成長していないと感じています。

次に知識を誰かに発信しようとしていないことです。雑学の知識を得るためにインターネットのニュースを見たり、自分で気になったことを調べたりしていますが、それらの知識をもとに話をすることはなく、色々なことを知っているだけだと思います。自分が変わらなければならないので日々意識をしながら克服をしていっていますが、まだまだ完全には克服できていません。

さらに、車椅子の設計に携わるには専門的な知識が必要です。そのためにはどのような進路先があるか、また、どのような勉強をしていく必要があるか調べる必要があります。進路はまだ分からないことが多いので家族や先生方に聞いてこれから決めていこうと思います。

知識がなくても色々な車椅子を試乗し、実際に走って意見を伝えるのもひとつの手段です。インターネットなどで色々な種類の車椅子を調べていますが、実際には３種類しか乗ったことがないので、車椅子のイベントに積極的に参加し、実際にさまざまな場所を走ってみることも大切だと思います。

今後の学校生活では自分の意見を積極的に発信していけたらと思います。

発信していく試みとして「ミラコン～未来を見通すコンテスト～第１回全国プレゼンカップ」に応募しました。その内容は次のとおりです。

題目：障害があっても豊かな自然の中で観光を楽しむことができる未来

私が掲げるのは、障害があっても豊かな自然の中で観光を楽しむことができる未来です。近年、車椅子での利用に対応した交通手段や宿泊施設などが普及し、車椅子使用者が観光を楽しむ機会は広まっています。

しかし、自然を楽しむことを目的とした観光については、いまだに多くの障壁があるように思います。

私自身、山でのキャンプ活動に参加したことがありますが、その時は急な勾配や障害物、狭い通路など、車椅子での移動にとって不利な条件が多くあることを痛感しました。今回、私はテーマについて調べる中で、多くの車椅子使用者が自然の中での活動を楽しんでいる観光地を知りました。その観光地とは、高尾山です。高尾山は旅行ガイドブックのミシュラン・

グリーンガイドで数少ない三ツ星の評価を得ています。車椅子使用者が訪れることも多くなり、バリアフリー化が進みました。車椅子での散策ルートが紹介されていたり、電動車椅子用の充電器が複数設置されていたりと、車椅子利用者が安心して訪れることのできる観光地となっています。

高尾山のように、豊かな自然の中にありながら移動に困難のある人に配慮された環境は、目指すべき観光地の一形態だと思います。

現在、都市公園については、バリアフリー法に基づいて整備が進められています。これからは、通路の幅やスロープの勾配などにも配慮がなされ、車椅子使用者にとっても利用しやすい公園が増えていくと思います。バリアフリー法による公園の整備は、障害のある人が障害のない人と同等に生活し、活動する社会を目指すノーマライゼーションの流れの中で進んでいます。その流れの中で、今後、観光地についても同様に整備が進められることを望んでいます。

しかし、観光地の中には景観や文化財などの保護のため、バリアフリー化目的であっても大規模な改修を控えた方が良いケースもあるかと思います。

そこで、観光地のバリアフリー化と共に、移動手段としての車椅子の性能向上も大切だと思います。以前私は、公園内でなだらかな芝生の斜面を移動中に、危うく転倒しそうになったことがあります。これは、現在普及している車椅子の多くが、室内での利用を想定した設計になっているためだと思います。

私が観光地での使用に適した車椅子について調べる中で、目的に合致する車椅子を数点見つけることができました。

四季折々の自然を感じたいと思った時、わずかな段差やわずかな傾斜が車椅子にとっては大きな障壁となります。こうした問題に対応し、新しいコンセプトのもとで開発された車椅子は、移動に困難のある人たちが、一般の人たちと同じように日常生活を楽しむ上で大きな力になると思います。今後、日本においても人権や障害に対する理解が更に深まっていくことで、生活範囲を大幅に広げる車椅子を、誰もが自由に利用できる時代が必ず来ると思います。

障害があっても豊かな自然の中で観光を楽しむことができる未来。実現のために、観光地のバリアフリー化と高性能な移動補助具の普及を提案します。

ミラコンと障害理解特別講座を経験して、人前に出て発表することに対しての抵抗が少なくなったように思います。それぞれの発表に向けての資料の作成過程では、最初は漠然としていた自分の考えが少しずつ形になっていき、資料が完成したときは、「ようやく自分の意見を発信できる」と思いましたが、同時に、「自分の意見に賛同してくれるだろうか」という不安もありました。発表直前は緊張していました。しかし、いざ発表をしてみると達成感がすごくありました。自分の思っていることをまとめることは想像以上に大変で、時間がかかりました。しかし、改めて自分の夢や、今の自分と向き合うことができたので、本当に参加して良かったと思います。これまでは、自分が通らない道の段差はあまり気にしていませんでした。今は、少しの段差でも気を配るようになりました。そして、自分の意見を積極的に伝えていこうと考えるようになりました。

最後に、この場をお借りして、これまで私を信じて支えてくださった家族と先生方に、心より感謝の気持ちを申し上げます。本当にありがとうございました。

5．発表事例3：金井　桜都葉（高等部1年）

私は、あさひ特別支援学校高等部1年生です。障害理解特別講座の発表原稿と感想を紹介します。

写真 9-4　発表当日（2019 年 12 月）

第 6 回 障害理解特別講座の発表原稿（2019 年 12 月）

金井 桜都葉（高等部 1 年）

題目：過去の私、未来の私

私は、あさひ特別支援学校に通う、商業の科目がとても好きな高校 1 年生です。趣味はアニメを観ることと、漫画を読むことです。性格は感情豊かだとよく言われます。そして、長所は好きなことが長続きすることです。短所は、苦手だと感じると避けてしまっていたことです。ですが、高等部に上がってからは、苦手だと感じても、一度取り組むようにしています。私はそんな普通の高校生です。

ですが、私には障害があります。二分脊椎症という病気です。この病気は、背骨の中にあるべき脊椎が骨の外にあるためにさまざまな障害があります。私は、頭の骨髄と腰の脊椎が外に出た状態で生まれてきました。また、内反足もありました。私は、小学校 2 年の時に腰の脊椎を正常な位置に戻す手術をしました。そして、小学校 4 年の時に足の手術をして歩けるようになりましたが、長距離を歩くことは難しく、外を歩くには装具が必要です。さらに私は、自力で排尿排便ができないので医療器具を使用します。また、膀胱の緊張をほぐすためにポラキスという薬を飲んでいます。

昔だったら長くは生きられない病気でしたが、私は3月で16歳になります。ここまで元気でいられたのは、母と医療の発達のおかげだと思います。

以前は、障害がある自分のことが嫌いでしたが、母が「桜都葉が元気なのは奇跡なんだ」と何度も言ってくれて、だんだんと自分を受け入れられるようになりました。

そんな私の将来の夢の歴史についてお話します。小学生の頃は、「密着警察24時」を観ることが好きで、白バイの隊員に憧れをもち、「白バイ隊員になりたいな」と思っていました。でも、私は、ふと「自分には向いていないのではないか」と思うようになりました。理由は、重い車体を動かせるほどの力がないのではないかということと、足が届かないのではないかということ、やはり、障害があると難しいのではないかということです。そのため、白バイ隊員になりたいという夢は諦めました。

中学生の頃の私は、おしゃれはそんなにしていませんでしたが、可愛い服の写真を見ることが好きで、その服のデザインを真似て、色を塗ることが趣味でした。そこから、「ファッションデザイナーになりたいな」と思っていました。けれども、私は絵を描くのが下手なので、ファッションデザイナーも諦めました。

そして高校生の今は、まだ決まっていません。そんなときに母が、「事務員も良いと思うよ」とアドバイスをくれました。私は、冒頭で紹介したようにパソコンを使うことが好きなので、「事務員ならパソコンを使うかな」とか「もっとパソコンを使う仕事はないかな」と思い、実際に調べてみました。調べた中で、私が興味を惹かれたのは、チラシやWeb広告を作る「広告制作」です。その中でも、「コピーライター」という仕事に興味をもちました。 コピーライターの仕事は、広告のキャッチコピーなどの文言を考える仕事です。文章を考えることは好きなのでとても自分に合っているのではなかと思いましたが、後にパソコンを使う機会は少ないことに気付きました。結局、本当に惹かれた仕事は見つかりませんでした。単に仕事といっても数えきれないほどたくさんあるので、とても悩んでいます。

今年の夏休みのことです。私は初めての経験をしました。それは、8月13日に東京の港区スポーツセンターで開催された、「第4回全国ボッチャ選抜甲子園」という大会に出場したことです。

ボッチャは、ヨーロッパで生まれた重度の障害者のために考案されたスポーツで、パラリンピックの正式種目です。ジャックボールという白いボールに、赤・青それぞれ6球ずつのボールを投げたり、転がしたり、他のボールに当てたりして、いかに近づけるかを競うスポーツです。

あさひ特別支援学校は、昨年度、一昨年度と出場していたので、私も、ずっと出場したいと思っていました。最初はチームの足手まといになってしまうのではと不安になりましたが、試合を重ねる中で、自信がついてきました。2試合目のことです。2エンド終了したところで同点になりました。そして、私がファイナルショットを投げることになりました。ファイナルショットとは、中央に置かれたジャックボールにそれぞれのチームの代表がボールを一球ずつ投げてより近い方が勝ちとなる仕組みです。相手チームが先に投げ、ジャックボールの右側1mくらいのところにつけました。次は私が投げる番です。ボールを投げた瞬間、ずれてしまったと思ったのですがジャックボールにぴたりとくっつきました。その時は全く気付いていませんでしたが、周りにいた人たちの声は全く聞こえないほど、私は集中していました。緊張が解けるとうれしい気持ちでいっぱいになり、思わず涙が溢れました。そして、チームはベスト8になりました。この経験から、私はボッチャという競技をたくさんの人に見てもらいたいと思いました。

この他にも、8月1、2日に群馬県立図書館に就業体験に行きました。私はカウンター業務や書架へ本を戻す作業等を体験しました。実際に体験して思ったのは、一度にたくさんの本を扱うために体力がもたず、きっと体を壊してしまうだろうなということでした。そのため、「司書の仕事も自分には向いていないな」と思いました。障害理解特別講座に参加するにあたり、改めて自分がやりたい仕事を考えてきましたが、結果として、今現在、将来やりたい仕事のイメージをもつことはできませんでした。残りの高校生活で就業体験などに積極的に取り組んで、勉強や運動にも取り組みながら自分の将来就きたい仕事を明確にしていきたいと思います。

障害理解特別講座の原稿を作る過程で苦労したことは、自分の障害のことを書くために自分の障害についてインターネットを利用して調べたことです。自分の障害は見た目には分かりづらい症状から、重い症状まで幅広くあると知って、複雑な気持ちになり、手をつけられない状態になりました。障害理解特別講座に参加する前は、私のことを理解してくれる人なんていないと思っていました。ですが、大学生に私の障害と将来のことを聞いてもらい、貴重なアドバイスや意見をもらったことで、前向きになれた気がします。これからは一生懸命頑張ろうと思いました。残りの高校生活で、得意・不得意関係なく、長続きする方法を見つけて取り組んでいきたいです。そして、将来の夢が少しでも明確になるよう、商業の検定取得やボッチャなど、さまざまなことに積極的に挑戦したいと思います。

6．発表事例 4：小畠 粋（高等部 1 年）

私は、あさひ特別支援学校高等部 1 年生です。障害理解特別講座の発表原稿と感想を紹介します。

写真 9-5　発表当日（2019 年 12 月）

第6回 障害理解特別講座の発表原稿（2019年12月）

小畠 粋（高等部1年）

題目：未来を考えているようで今どうするかを考えている話

私は、産まれたときから体が弱く、気管切開[1]をしています。小学校に入る前まで、入退院を繰り返していました。入院生活は暇でしたが、読み聞かせをしてくれたお姉さんと絵本は大好きでした。地元の小学校に上がってからも歯医者の帰りなどで地域の図書館に通って、絵本を読んでいました。次第に小説やライトノベルなど他の種類の本も読むようになりました。

小学5年生になって地域の図書館から「職場体験のお知らせ」が来ました。いつも通っている図書館の内部を知りたかったので、行ってみました。自分が想像していたよりも図書館内は広くて、さまざまな部屋がありました。なによりも『図書館司書』という仕事があることに驚きました。本で人を笑顔にできる仕事に就いてみたかったので、その頃は、司書になりたいと思っていました。また、人に物を教えることも好きなので教師にもなりたいとも思っていました。しかし、まだ小学生の私は、「働くこと」や「仕事について」など全然分かりませんでした。

中学校に上がるとき、あさひ特別支援学校に移ってきました。中学部の授業で自分の将来の夢について調べる学習をしたとき、初めて図書館司書や教師になるまでの大変な道のりを知りました。もちろん働くことは簡単ではないと思っていましたし、どんな仕事に就くとしても勉強や努力は必要だと周りの大人たちの様子を見て感じていました。そのため、自分の体力や知力を考えたとき、なりたい図書館司書や教師にはなれないかもしれないと思いました。祖母や母も大変な仕事より安定していてデスクワークが多い市役所などで働いてほしいと思っている様子でした。

1) 気管切開は、気道確保のために行われる医療処置の一つです。具体的には、首の前側にある気管（トラキア）に小さな切開を入れて、そこに管（カニューレ）を挿入します。この管を通して空気を直接気管に送り込み、呼吸を助ける方法です。

特に、教師は難しそうと思い諦めてしまいましたが、司書になりたいという思いはもち続けていました。なぜなら、やはり好きな本というものに携わりたいという気持ちは変わらなかったからです。

今年の８月に県立図書館から「就業体験のお知らせ」が来たので、行ってきました。地域の図書館より広く、見たことのない本があったり、知らなかった仕事内容があったりと驚きの連続でした。それと同時に「私には向いていないのではないか」という気持ちが湧いてきました。なぜなら、力がないとできない作業や細かい作業など、私にはできないことが多いように感じたからです。小学校のときの主な移動は歩行だったので、気がつかなかったのですが、車椅子では通りづらい通路や届かない場所もあったりしました。その点も踏まえて私は自分に問いかけてみました。「私がなりたいのは、本当に図書館司書なのだろうか」と。

確かに、図書館司書になれば本で人を笑顔にできます。ですが、他の仕事でも本に携われるのではないかと改めて考えてみました。作家や編集者、校閲などその場で考えてみるだけでもいくつか出てきました。でも、どんな仕事をするにも人間として大事なことがあります。「約束を守ること」とか、「時間を考えて行動すること」とかです。正直私は全然できていません。むしろできていなすぎて毎日のように注意されています。小学校のときも夏休みの宿題は終わったことがありませんし、今でも日々の行動が遅すぎると感じています。そして一番の問題点は、「好きなこと以外のやる気が起きない。」という点です。勉強はやる気を起こしていますが、本当に好きなこと以外は面倒くさがってしまい、ヘタしたらやらないこともしばしばあります。そして実のところ自分が今なりたい職業や将来の夢は明確にはもっていません。本関係の仕事を詳しく調べたこともほとんどありません。

さきほど「好きなこと以外のやる気が起きないのが問題点です」と言いましたが、働くことに対しても好印象は少なく、むしろ不安や心配が多くあります。ですが、本のことは今でも大好きです。誕生日には毎年図書カードをもらいますし、歯医者の帰りの図書館は今でも通っています。

決して大人に喧嘩を売っているわけではありません。でも、どうしてそんなに将来について決めさせたがるのか不思議に思います。

私は高校生活というものはあっという間に過ぎてしまうと思っています。つまり、高校生の時にしかできないことをやれば良いと思っています。もちろん、勉強も大事で、自立を考えなければならない年齢だと思います。だからこそ、好きなことをして、その中でゆっくりやりたいことや将来のことを考えるのも一つの手だと思います。

しかし、「本当に考えることを止めても良いのだろうか？」と思う自分もいます。今考えることを選んだ場合、将来の夢や目標が決まり、そのためにやるべきことが見えてきます。ですが、今考えることを止めた場合、止めている時間は楽しいと思いますが、結局後回しにした分が未来の自分に返ってきます。

「今考えるべきか、後回しでも良いのか……。」

皆さんはどうしていましたか？

皆さんの経験を踏まえて教えて下さい。

写真 9-6　質疑応答

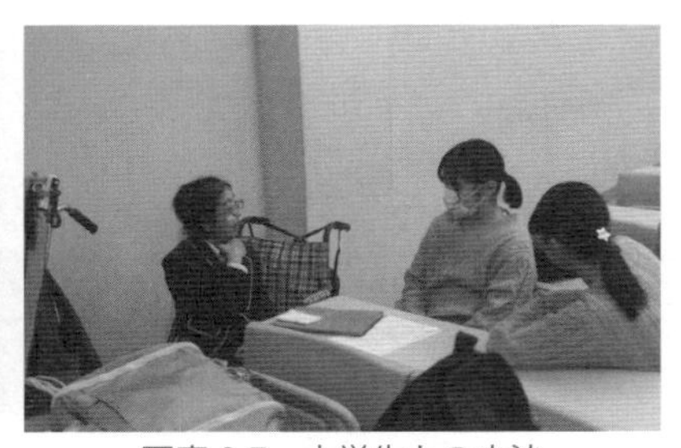
写真 9-7　大学生との交流

障害理解特別講座の発表原稿を書く上で苦戦したところは、「将来について考える自分」と「考えることを止めたい自分」が心の中で葛藤している様子を文章に表すことでした。心で思っていても文字に起こそうとすると筋が通らない文章になってしまうので、言葉選びに気をつけました。

発表前日は、「こんな文章で大丈夫かな」と不安の気持ちでいっぱいでした。しかし、会場に入ってみたら「こんなにたくさんの人が私の話を聞いてくれる」という喜びの気持ちに変わりました。本番は緊張しましたが、練習の時よりも良い発表ができたと思っています。フリートークの時間では、参加してくれた大学生から将来についての思いを聞くことができました。大学生からは「好きな本の仕事は諦めない方が良いと思う」という意見や「粋ちゃんは、声が聞きやすいから読み聞かせのお姉さんとかどう？」というアドバイスをいただきました。声が聞きやすいと言われたのは初めてなので、嬉しかったです。他にも好きな本の話やおすすめの本を教えてくれました。

これからは、自分でもできるような本関係の仕事や自分が得意なことを生かした仕事を調べることをしたいと思います。しかし、将来についてしっかり考えるのはまだまだ先になってしまいそうです。未来の自分が困らない程度に考えることを止めたり、動かしたりしていきたいと思います。

7. 校長から見た障害理解特別講座（土橋 惠津子）

障害理解特別講座が開催され４年目を迎えました。現在、私は他の学校で勤務していますが、あさひ特別支援学校の校長として、本講座の企画と展開に関わった３年間の感想を共有させていただきたいです。

本講座は、あさひ特別支援学校の教育活動の中に定着し、少しずつ児童生徒自身の自己理解を進める貴重な場になっています。

私は本講座が開催されました前年に現任校に着任しました。着任当時児童生徒はみんな素直で心優しいのですが、表情に覇気を感じる子どもがあまり多くなかったように覚えています。何故だろうと考える日々が続きました。そうしたなかで注目すべき1つの実態に気づきました。それは、準ずる教育課程で学ぶ児童生徒の中で、小学部1年から入学している者は全体の約1/4で、児童生徒の3/4は途中から本校に転入学してきていることでした。（割合は年度により変動しますが、小学部からの入学者は年々少なくなっています。）転入学してくる児童生徒は、本校に来る際にどのようなことを思うのでしょう。通常の学校に通学した後、特別支援学校に通学するという状況になって、思春期を迎える児童生徒はその変化にすぐに適応することはかなり困難なのではないでしょうか。また、転入生の中には進行性疾患も多く、こうした状況を受け止めることも子どもたちにとってはやはり難しいのではないでしょうか。 私たち大人でさえ大きな病気の診断を受けた時にはそう簡単に受け入れることができないかと思われます。自己肯定感が高くなく夢をもてずにいることが、あの覇気をあまり感じられない生徒の表情として現れているように思われました。そして、私たち教師も、そうした生徒を前に障害や自身の姿に向き合うよう語りかける機会をもてずにいるように見えました。

そんな悩みを抱えていましたところ、平成28年5月、任准教授が本校へお越しくださり、私どもは本講座「肢体不自由学生の夢」への参加のご依頼をいただきました。会場は群馬大学、大学生にも聴講してもらうとのことです。「本校の生徒が講師に？」。驚くような言葉でしたが、大学というカルチャーの力、そして、むろん任准教授の放つ力に押され、生徒に発表する機会をもたせようと決めました。平成28・29・30年度と取組を始め3年が過ぎました。発表に向けて生徒が障害に向き合い、「今の自分」や「なりたい自分」を考えていくことは容易なことではありません。何度も作文を提出し教師との対話によってまた自身を見つめ直すという作業を繰り返し、生徒は１歩２歩と前に足を進めたように思われます。そして、大学生を前にしての発表は緊張もしますが、生徒に大きな達成感と自信をもたらしてくれました。また、発表後行われました大学見学を通して、生徒たちは上級学校へあこがれを抱き、「大学という場で学んでいきたい。」と願う者も出現したのも事実です。あわせて、聴講席の後ろで我が子の発表を心配そうに見ていた保護者が、発表終了後、生徒とともににこやかな笑顔を見せていたことも印象深いものでした。我が子が夢をもち意欲的な姿勢を示すことは、サポーターとして生きる親の大きな喜びとなったのではないでしょうか。障害があることで生徒が夢を語れなくなっていたのは、通常の環境で育った教師や保護者の経験が邪魔をし、「できない・なれない」という思い込みとなって生徒自身に何らかの影響を与えていたからではないでしょうか。

本講座への取組が本校の教育活動に定着し、全職員の理解を得てきました。一方で、学校としての位置づけにはまだ不十分な点もあります。一人一人のニーズに応じた教育をするというミッションのもと、これからも校内で組織的な取組となるよう努めていきたいと考えています。

TEA BREAK 

東京都立鹿本学園の取組について

遠藤 隼

本校の肢体不自由教育部門小学部の取組をご紹介いたします。

1．大学訪問

本校肢体不自由教育部門小学部では、大学（教員免許を取得する際に行う介護等体験を実施する学生を本校で受け入れている大学）と連携して小学校に準ずる教育課程で学ぶ児童の大学訪問を行い、大学施設（図書館など）の見学と大学で学ぶ肢体不自由の障害がある学生へのインタビュー、交流を実施しました。本校の児童には、小学部段階から特別支援学校高等部卒業後の進路を見据え、進路選択について、大学等の上級学校への進学を一つの選択肢として考えることができるように、具体的に経験し理解する機会が必要であると考えました。また、本校の近隣には大学のキャンパスが徒歩圏内にはなく、実際に自力で見学を通して進路を考える児童が少ないために、大学への進学を考える児童も少ない傾向があると考えられました。そのため今回のような、大学を訪問し大学設備の見学を通して大学を知り社会経験を広げるとともに、実際に肢体不自由の障害をもつ学生から大学で学ぶことについて話を聞いたり、インタビューをしたりすることで、自身の進路の選択肢として大学を考える機会になることを目的に実践しました。

2．肢体不自由者で社会で活躍する人を講師として「キャリア教育特別授業」

肢体不自由児の学習に対する困難さについて、本校の児童においても、取組には多くの時間を要することや直接的な体験や経験の不足に伴い学習内容の定着が図りにくいこと、周囲からの支援を受ける場面が多く、その結果として受動的になり主体性が乏しいことがあります。そのようなことを踏まえて、小学部などの早期に社会で活躍されているロールモデル（肢体不自由者）を見つけ、社会で生きていくために必要な力やどのように能力を磨いてきたのかなどについて具体的に学ぶことができるように計画しました。特別授業の講師には、自身も肢体不自由者で、大学で教鞭をとられている群馬大学の任先生をお招きし実施しました。その中で児童は、「夢は具体的に話すこと、作文にして発表すること、実体験をすることを通して、自分自身を知り、やってみる、行動することで、さらに気付き、そのことを修正し、繰り返すサイクルが大切である」ことを学びました。また、筆記を補うために計算方法を工夫すること、掛け算で筆算を使わない方法なども教えていただき、考え方を変えることで苦手な筆記をせずに、健常の方と同じか速いスピードで解答することができることを実体験しました。教員向けにも肢体不自由児の指導上の留意点、肢体不自由児（準ずる教育）のための小学部段階からのキャリア教育を踏まえた教育課程について御講義いただき、児童向けの特別授業と合わせて、理解を深めることができました。

３．成果と課題

児童の感想からは、「大学には、同じ障害をもつ方々が学ぶ環境があることを知ることができました。ぜひ大学の図書館で勉強したいです。」、「夢に向かって具体的に動くことが大切、公務員であれば、実際に区役所等に見学に行くなどをやってみたい、挑戦してみたいです。」などの具体的な取組、前向きな感想を児童たちから聞くことができ、今後の進路を考えるよいきっかけとなりました。またキャリア教育を推進していく教員としても明るくポジティブな児童の期待感を知ることができる大きな結果となりました。今後は、多様な児童の進路に対して、いかにその実現に向け家庭とより連携を深めて指導し、支えることができるのかを検討していく必要があると思いました。学校での取組に対する効果を高めるために、取組を情報共有するだけでなく、保護者向けのプログラムを実施し、より連携しやすい環境やしかけ作りをしていきたいと考えています。

TEA BREAK 

高等教育体験プログラムの成果と課題

山口 明日香

高松大学では、大学進学を検討している肢体不自由のある特別支援学校の生徒に、高等教育体験プログラムを実施しています。このプログラムは、進路を選択する上での「実際的な体験と気づき」をテーマに、生徒一人ひとりが、5日間の体験をします。2018年度は、第3回目となり、4名の生徒さんが参加しています。これまでに12名の高等部の生徒がこのプログラムを修了しています。このプログラムの主な目的は、現時点の自分の力を実際的な場面で試行し、目標とする進学先の中で求められる力や自分に必要な支援、その準備状況を整理し、自分に必要なことを明らかにすることです。また初めての状況や経験に積極的に取り組むことで、実体験の中から自分への気づきを得ることもねらいとしています。本プログラムは10つの内容で構成され、1日2プログラム（2コマ分）実施し、計5日間で修了となります。

2018年度に実施した主な内容は、表1の通りです。「大学の授業を体験しようⅠ、Ⅱ」では、講義形式、演習形式の授業の体験を目的としていますので、開催年度によって具体的な科目は異なることがあります。プログラムの最終では、自分の高等部卒業後の目指す姿から、現状の自分に立ち返って、何が課題になっているのか、その課題を解決するためのアクションプランをサポートにつく大学生と共に立てていきます。プランを立てる中で大切なことは、自分でやれる範囲と支援をもらう範囲を自分で決めていくということです。これらのプランは、ポスターにまとめてプログラムの最終で自分の行動計画として発表します。このプログラムのサポートは、特別支援学校教諭や小学校教諭、幼児教育の教員や保育士を目指す学生が中心となって行っています。生徒たちは、大学の食堂でランチをするのも売店でお菓子を買うのも、すべてが新鮮で緊張で、刺激的なようです。大学体験なので、参加する生徒には、大学生同様に、私服での登学や、スマホの利用、おやつの購入など、大学であたり前に行われている学生の日常生活の内容をそのままに体験してもらっています。プログラム開始時は、緊張感が見られますが、日に日に和らいでいる様子がみられて頼もしいです。プログラムでは、生徒自身が「見て、驚いて、感じて、学び、気づき、試行する」ことを大切にしていますので、「サポートにつく大学生が先回りして準備し過ぎない」ことを意識しています。大切なことは「生徒が自分自身に必要な工夫や支援の内容やその量」に気づき、「それをどのように学生や周囲に伝えるのか」という成長の種を摘まないということです。このプログラムでは、本学の特別支援教育を学ぶ学生が中心となってサポートしていますが、学生にとっても「自立」とは何か、当事者の方の為の必要な支援環境とは何かといったことについて、大変学びの多い機会になっています。このプログラムは、特別支援学校の生徒、特別支援教育を学ぶ学生の双方にとても大きな学びとなりそれぞれのキャリア発達を促しています。現在は、高等部1年生で進路学習の一環として実施をしておりますが、本来は中学生時代にこうした体験をし、高校生時代では、本プログラム以上に実際に近い環境設定の中で、大学体験することの方が、より良い卒業後の準備になるのではないかと最近感じており、今後の課題として検討してきたいと思います。本学に在籍しているすべての学生や教職員もこうしたプログラムを実施することで、共生社会や障害学生支援についての、良い気づきや意識の変革が促されています。実際に社会の中で、「色々な立場の方と交わりながら、自分のキャリアを開発していく」、そんな生徒の姿がまた大学や社会を変えていく原動力となっていると思います。今後もプログラムに参加する生徒にはさまざまな学びと共に、新たな希望と自信をつけてほしいと思います。

表1　具体的なプログラム活動の内容とねらい

プログラム内容	具体的内容
1．顔合わせと学内紹介	アイスブレイク・学内紹介
2．高校と大学の違いを探索しよう！	学内探索 ＊特別支援学校と大学の違いについて探索します。
3．大学で学ぶことの意味ってなぁに？	ワークショップ・ポスター作成 ＊複数学年の学生と入学動機、学生生活の意義や実際についてグループワークをします。

4．大学の授業を体験しようⅠ（演習）	障害児保育Ⅱの受講（在学生と一緒に演習活動） ＊保育士養成にかかわる演習授業です。グループ討議を中心とする授業内容です。
5．大学の授業を体験しようⅡ（講義）	講義形式の授業の受講（心理学） ＊ ICTを活用した授業体験や受講後のレポートを作成します。
6．就職活動ってどんなこと？キャリア発達ってどんなこと？	ワークショップ・ポスター作成 ＊本学のキャリア支援課からのガイダンス、遠隔操作会議システムを使用し、県外に在住する肢体不自由のある大学院生のキャリア開発についての講演を聴講します。
7．大学の授業を体験しようⅢ（ゼミ①）	ゼミ演習活動（パワーポイントによる発表） ＊興味関心のあること、卒業論文の作成に係る流れやテーマ選定について学習し、実施に文献検索しながらテーマ探索をします。
8．大学の授業を体験しようⅣ（ゼミ②）	ゼミ演習活動（レジュメによる発表） ＊卒業論文のテーマ選定について、作成したレジュメを基に発表します。
9．大学に行くために必要なことってなんだろう？	ワークショップ、ポスター作成 ＊学生とのワークショップを通じて、大学生活に必要な事項について整理します。
10. 自分に必要な合理的配慮について考えよう	ワークショップ、ポスター作成 ＊大学生活に必要な合理的配慮、今後の課題についてまとめてポスターを作成し、発表します。

著者紹介

▶ 編著者

任　龍在（千葉大学教育学部，准教授）

※ 2020 年 3 月の所属は「群馬大学教育学部，准教授」でした。

以下の所属は、初稿が提出された 2020 年 3 月のものを記載しています。

▶ 著　者（執筆順）

川端　舞（障害者活動家）

川端　奈津子（川端　舞の母）

庄田　亜季子（御坊市役所介護福祉課，主事）

木暮　奈央（株式会社 JR 東日本商事高崎支店，社員）

山森　一希（筑波大学大学院人間総合科学研究科，大学院生）

宮内　康裕（フリーランサー）

多胡　宏（元群馬県立特別支援学校長）

小野塚　航（NPO 法人「風の子会」，理事）

岡本　明（NPO 法人「風の子会」，元副会長）

周藤　穂香（群馬県ボッチャ協会，ボッチャ選手）

周藤　美保（周藤　穂香の母）

周藤　潤香（株式会社エッジ・インターナショナル，社員）

小川　晃生（総合電機メーカー，社員）

渡邊　修（横浜市立本郷特別支援学校，教諭）

丸山　美映子（群馬大学障害学生サポートルーム，専門支援員）

愼　允翼（東京大学文学部人文学科哲学専修課程，大学生）

内山　幸奈（東京大学教育学部基礎教育学コース，大学生）
井草　昌之（群馬県立富岡特別支援学校，教頭）
星　裕貴（群馬県立あさひ特別支援学校，教務主任）
小島　駿斗（群馬県立あさひ特別支援学校中学部，生徒）
米山　翼（群馬県立あさひ特別支援学校高等部，生徒）
金井　桜都葉（群馬県立あさひ特別支援学校高等部，生徒）
小畠　粋（群馬県立あさひ特別支援学校高等部，生徒）
土橋　惠津子（群馬県立聾学校，校長）
遠藤　隼（東京都教育庁指導部特別支援教育指導課，指導主事）
山口　明日香（高松大学発達科学部，准教授）

肢体不自由者の自立と社会参加

初版発行 2024年 10月 31日

編　著　任龍在
著　者　川端舞・庄田亜季子・宮内康裕・小野塚航・周藤穂香・小川昇生・愼允翼
発行人　中嶋啓太

発行所　博英社
〒370-0006 群馬県 高崎市 問屋町 4-5-9 SKYMAX-WEST
TEL 027-381-8453 / FAX 027-381-8457
E · MAIL hakueisha@hakueishabook.com
HOMEPAGE www.hakueishabook.com

ISBN 978-4-910132-88-4